D1695759

GERTA ANDERS
Die Halbinsel Darß und Zingst

Gerta Anders

Die Halbinsel Darß und Zingst

Ein Heimatbuch

Herausgegeben von Käthe Miethe
Illustriert von H. Holtz-Sommer
und E. Th. Holtz

Neu bearbeitete und erweiterte Auflage

HINSTORFF

MEINEN KINDERN

INHALTSVERZEICHNIS

Vorwort

Als ich vor nunmehr acht Jahren mein Heimatbuch „Das Fischland" schrieb, zog ich mit vollem Bewußtsein die Grenze meines Gebietes südlich vom Darß, denn die Halbinsel Darß und Zingst führt bei aller Verwandtschaft, die die gesamte Entwicklung der Küste und ihrer Bevölkerung verbindet, ein eigenes Leben und verlangt eine eigene Betrachtung und Bewertung.

Trotz eifrigen Bemühens gelang es nicht, die Lücke in unserer Reihe zu schließen. Das Heimatbuch der Insel Hiddensee war erschienen, in kurzem Abstand folgten ihm die Bücher der Insel Rügen und Usedom. Nur für die „Scheitelhöhe" des „Darß" und den langausgestreckten Landarm von Prerow bis zum Bock, der nach Hiddensee und Rügen weist, konnte ich jahrelang keinen Mitarbeiter finden, der die nötige Liebe und die nötige Kenntnis für diese große Aufgabe besaß.

Jetzt sind wir endlich so weit: Die Leiterin des Darßer Heimatmuseums, Biologin und Geologin von Haus aus, tief verwurzelt mit der Natur und der Geschichte der Halbinsel Darß und Zingst, hat für uns, das heißt, für alle, die dort leben, für alle, die dort ihren Urlaub verbringen oder dorthin sich sehnen, das Buch geschrieben, das ihnen das bewegende Schicksal dieses Küstenabschnittes, an dem Wasser und Winde unermüdlich formen, zeigt, sein vielfältiges Leben der Pflanzen und Tiere am Strande, im Walde, am Saum der Boddengewässer, die gesellschaftliche Entwicklung der als Seefahrer weit berühmten Bevölkerung, und die Leser durch Schauen und Wissen zur Heimatliebe führt, auf der jene wahre Vaterlandsliebe gegründet ist, die unser ganzes Denken und Tun bestimmen soll.

Sommer 1954   *Käthe Miethe*

Meine Mitarbeiter

Heimatkunde ist unser vielseitigstes Forschungsgebiet, sie erstreckt sich auf fast alle Wissenszweige: Das große Feld der Geschichte – sei es Vorgeschichte, Frühgeschichte, politische Geschichte –, ferner Geologie, Erdkunde, Pflanzen- und Tierkunde, Kunstgeschichte, Volkstumskunde, Gesellschaftswissenschaft, alles muß einbezogen werden, wenn man sich der Heimatkunde zuwendet. Und wie könnte ein Mensch sich dieses umfassende Wissen zu eigen machen?

Unsere Forschungen sind im Laufe der letzten Jahrzehnte so mannigfaltig geworden und so weit vorgeschritten, dass sich selbst ein Spezialgebiet oft nicht mehr übersehen läßt, viel weniger sämtliche Wissenszweige. Heimatforschung muß also eine Kollektivarbeit im höchsten Sinne sein. Sie ist durchaus kein „Reservat" des

Wissenschaftlers. Jeder kann daran teilnehmen, und es muß unser Ziel sein, daß sich das ganze Volk zum Dienst an der Heimatkunde berufen fühlt, ob es sich um das Sammeln unserer Flurnamen handelt, um Familiengeschichte, die Erkundung der Heimischen Vogelwelt, den Schutz seltener Pflanzen und Tiere, um Bodenfunde oder um Beobachtung des Wandels der Mundart.

Bei der Vorbereitung dieses kleinen Heimatbuches war ich also auf so viele Mitarbeiter von allen Seiten angewiesen, daß ich nur wenige nennen kann, allen aber von Herzen zu danken habe.

Die ersten stummen Helfer waren für mich die Bodenfunde und die Versteinerungen. Sie erzählten mir von den früheren, nun längst verblichenen Pflanzen und Tieren unserer Heimat und lehrten mich die Entstehung unseres Darß' erkennen. Vorgeschichtliche Funde zeigten mir, wie unsere Vorfahren hier gelebt und gewirkt haben. Alte Bauten, Chroniken und Urkunden berichten über die Geschichte unserer Gegend. Lebende Pflanzen und Tiere sind unsere heimatkundlichen Wegbegleiter und Erzieher.

Bücher aller Art halfen mir, daß sich das Bild der Heimat rundete.

Besonders dankbar bin ich den Urhebern der Schwedischen Matrikel, die in ihren sorgfältigen Karten und Aufzeichnungen die Grundlage für die Erkenntnis der Vergangenheit, was Menschen, Landschaft und Lebensäußerungen betrifft, geben. Die Entstehung dieser Dokumente, die uns für den ganzen Bereich des einst schwedischen Vorpommerns eine geradezu minutiöse Auskunft über die wirtschaftliche Lage am Ausgange des 17. Jahrhunderts schenken, ist so wissenswert, daß sie hier kurz skizziert werden soll:

Um die Mißstände abzustellen, die durch Aufrechterhaltung der sogenannten „Hufensteuer" entstanden waren und zu einer übermäßigen Belastung der Bauern geführt hatten, entschloß sich die schwedische Regierung in Vorpommern, eine Überprüfung der Verhältnisse vorzunehmen. Die Stände hatten schon lange auf Reform gedrängt. Ende des 17. Jahrhunderts kam es endlich dazu. Da sich in Deutschland damals zu wenige Vermessungsfachleute fanden, wurden schwedische Landmesser und schwedische Studenten aus Upsala mit dieser Aufgabe betraut, obwohl in Schwedisch-Vorpommern Verwaltungssprache und Recht deutsch waren. Diese Schweden schufen von 1692 bis 1698 in sechsjähriger Arbeit ein einzigartiges, vorbildliches Werk, für das wir noch heute nicht dankbar genug sein können, weil es uns über die mannigfaltigen Lebensäußerungen der damals in unserer Heimat lebenden Menschen genau unterrichtet. Sogar die Namen der Einwohner der einzelnen Orte werden genannt. Die Beschaffenheit des Bodens, die Erträge jeglicher Art, auch Schiffahrt, Fischerei, Viehzucht, nichts entgeht ihrer Beschreibung. Weil Ausländer diese Arbeit geleistet haben, ist Sachlichkeit und Parteilosigkeit gegeben, denn ihre Aufzeichnungen konnten ohne Rücksichtnahme auf Verwandtschaft und Nachbarschaft gemacht werden. Wo man sich auf Mitteilungen der Eigentümer, etwa über die Ertragsmöglichkeiten ihres Bodens, verlassen mußte, wird deutlich hervorgehoben, daß den Angaben nicht ganz zu trauen wäre. Den kartographischen Aufnahmen der Dörfer liegt eine sorgsame Dreiecksmessung zu Grunde. Der Maßstab ist umgerechnet 1:8000, genauer 1:8333,3.

Dieses kostbare Dokument ruhte 1½ Jahrhunderte lang unbeachtet bei irgendeiner Behörde und wurde erst 1905 auf dem Boden des Stralsunder Regierungsgebäudes wiederentdeckt. Ein Teil des gewaltigen Werks, glücklicherweise gerade „mein Revier", die Dorfbeschreibungen der Ämter Franzburg und Barth, sowie der Barther und Stralsunder Distrikte, sind inzwischen, bearbeitet von Fritz Curschmann, ins Deutsche übersetzt, der Forschung durch Drucklegung leicht zugänglich gemacht worden.

Außer der Matrikel halfen mir in erster Linie die drei Altväter der Darßliteratur: August v. Wehrs, Carl Scriba und Friedrich v. Suckow, auf die man immer wieder zurückgreifen muß, wenn man unsere Vergangenheit aufhellen will. Aber vorerst muß ich des Johannes Micrealius gedenken, dessen „Sechs Bücher vom alten Pommernland", 1723, eine Quelle nicht allein für dynastische Geschichte, sondern auch für das Leben des Volkes bedeuten, auf das er genauestens eingeht. Nicht einmal vergißt er, die Apfelsorten zu nennen, die bevorzugt angebaut wurden, noch die grausigen Zeichen am Himmel zu beschreiben, in denen die Menschen damals kommendes Unheil wie die gewaltige Sturmflut von 1625 angekündigt wähnten.

Die drei ältesten Darßschriftsteller sind Ende des 18. Jahrhunderts geboren.

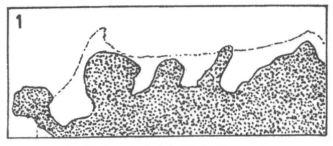

Der Darß vor dem Ende der Litorina-Transgression

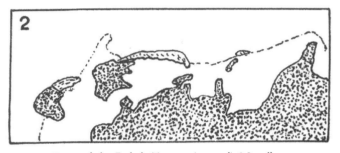

*Kurz nach dem Ende der Transgression: an die 3 Landkerne
legen sich Dünenhaken an.*

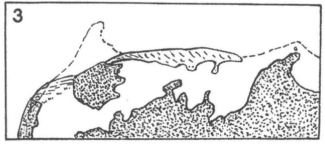

*Die Inselkerne sind seewärts gradlinig abgeschnitten, die Haken wachsen
in der Länge und Breite.*

Der Dünenhaken der Wustrower Insel legt sich vor das alte Kliff des Altdarß.

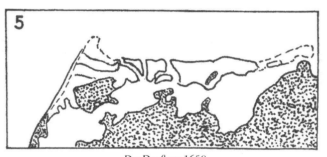

Der Darß um 1650

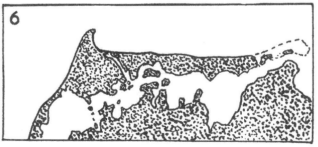

Der Darß in seinen heutigen Umrissen (Nach Th. Otto)

August von Wehrs war Hannoveraner. Er studierte in Göttingen, wurde schwedischer Offizier, um nicht für Napoleon kämpfen zu müssen. Sein Regiment bestand aus vielen Deutschen. Wehrs gehörte zur schwedischen Besatzung des Darß'. Er geriet in französische Gefangenschaft. Später besuchte er den Darß wieder und heiratete die Tochter des Oberförsters in Born, der ein geborener Darßer war. Wehrs liebte den Darß und hat ihn mit Hilfe seines Schwiegervaters eingehend erforscht. Sein Werk, das man bei aller Einschränkung als Quelle bezeichnen muß, heißt: „Der Darß und der Zingst", Hannover 1819.

Carl Scriba stammte aus Mölln in Schleswig-Holstein. Er war ebenfalls Offizier. Seine letzten Lebensjahre verbrachte er in Kopenhagen. Seine Tochter veröffentlichte später in der „Deutschen Rundschau" Erinnerungen ihres Vaters an die Kämpfe, die er 1809 mitgemacht hatte. Dabei war er auch nach dem Darß gekommen, wo er gefangen genommen wurde.

Auch Friedrich von Suckow war Offizier, er war in Goldberg bei Neu-Buckow geboren und besuchte eine Barther Pension, kam also in die Nähe des Darß. Er lebte später lange Jahre in Stralsund, wo er die Wochenschrift „Sundine" herausgab, die damals große Bedeutung besaß. Für uns ist wichtig, was er in den Artikeln: „Winterliche Reisebilder oder acht Novembertage am Nordstrande: auf dem Darß, dem Zingst und Hiddensee" (Sundine 1831 bis 1832), erzählt.

Diese drei Offiziere, die zufällig und nur vorübergehend auf den Darß gekommen waren, hatten die einsame Gegend an der See so lieb gewonnen, daß sie ihre Eindrücke aufschrieben. Zu ihnen gesellt sich der Seminarlehrer H. Genz aus Franzburg. Er hat zwar nur ein bescheidenes Büchlein „Die Halbinsel Darß-Zingst" im Jahre 1882 herausgegeben, bringt aber eine Fülle von Beobachtungen, die gerade durch ihre jene Jahre bezeichnende romantische und verschnörkelte Ausdrucksweise ein gutes Zeitbild bedeuten. Übrigens hat er einen klaren Sinn für die Realitäten des Lebens bewiesen, sonst würde er niemals geschrieben haben:

„... Denn die Kuh, dieses nützliche und darum in einigen Fällen fast zum Abgott gewordene Tier, ernährt auch mittelbar (indirekt), indem ihre Milch zur Auffütterung zweier Schweinchen

verwendet wird, von denen man eins verkauft, das andere aber im eigenen Haushalte so weislich verwendet, daß es neben allerlei Fischen den Fleischbedarf eines ganzen Jahres deckt."

Außer diesen Ortsfremden schrieb damals nur ein einziger Einheimischer über den Darß: Johann Segebarth. Er wurde 1833 in Wieck geboren, ging auf die Dorfschule und fuhr nach der Einsegnung zur See. Im Winter besuchte er die Navigationsvorbereitungsschule in Prerow auf der Mühlenstraße und später die Navigationsschule in Stralsund. Er machte früh die Prüfung für Schiffer auf großer Fahrt. Auch sein Vater war Seemann gewesen, hatte zuerst einen Schoner seiner Familie übernommen und führte später rund 25 Jahre lang eine Bark.

Als Johann Segebarth 1870 in Konstantinopel mit anderen deutschen Schiffen durch die Blockade der Franzosen zurückgehalten wurde, las er Reuter und wurde dadurch zum Schreiben angeregt. Sein bekanntestes plattdeutsches Buch ist „De Darßer Smuggler", sein gelesenstes hochdeutsches „Die Halbinsel Darß-Zingst". Seit 1882 wohnte er in Prerow, zuerst im „Strandheim", dem heutigen Besitz der beiden Schwestern Asmus, das er sich in der Strandstraße bauen ließ, nachher im „Trauten Heim" in der Grünen Straße. Den Adler auf dem Hause in der Strandstraße und auch den Adler auf der Apotheke hat er geschnitzt. Auf seinem Grabstein stehen die Worte:

„Der ist in tiefster Seele treu,
Wer die Heimat so liebt wie du."

Nun sind endlich die Lebenden an der Reihe, die mir für meine Arbeit zur Seite gestanden haben. Vor allem schenkte mir das geschichtliche Büchlein von Gustav Berg „Geschichte des Darßes und des Zingstes", das jetzt leider vergriffen ist, eine Fülle von Material. Es erschien ebenso wie das „Darßer Heimatbuch" im Verlage des Wielandhauses von Martin von Wedelstädt, dem verdienstvollen Gründer der „Heimatausstellung", aus der sich unser „Darßer Heimatmuseum" entwickelt hat. Auch das „Darßbuch" von Siegfried Merklinghaus aus dem Jahre 1925 möchte ich nennen.

Viele Menschen haben mir mit Auskünften, Berichten, Erzählungen geholfen: Kantor Schmidt aus Prerow, der seinen Darß in jeder Beziehung gut kennt und im Sommer heimatkundliche Wanderungen durch den Wald leitet, der ehemalige Seemann Pieplow in Born, der alte Schiffszimmermann Köpke in Prerow, Kapitän a. D. Scharnberg-Prerow, Schulstraße, die über 90jährige Frau Nienkirchen aus Prerow, die vier nach ihr kommende Generationen erleben durfte, Förster König, mit dem ich die Fundorte seltener Pflanzen aufgesucht habe, der Lehrer im Ruhestand Treu in Born und der jetzige Schulleiter Neumann, Müllermeister Pahnke in Wieck, der mir selbstlos seine Funde überließ und alle Mitarbeiter des Darßer Heimatmuseums, darunter der immer einsatzbereite Herr Quadfasel – sie alle standen mir bei. Prof. von Bülow, der Rostocker Geologe, Verfasser des „Abriß der Geologie von Mecklenburg", half mir in großzügiger Weise beim Neuaufbau der geologischen Abteilung unseres Museums, wie seine Schriften neben dem alten geologischen Standardwerk von Otto „Der Darß und Zingst", Greifswald 1913, die Grundlage für meine geologischen Ausführungen sind. Dazu kam in letzter Zeit die neue Veröffentlichung von Prof. Hurtig über unsere Boddenlandschaft. Der Prähistoriker Herr Schubarth, Prof. Bauch und seine Assistenten von der Biologischen Forschungsanstalt Hiddensee gaben Anregungen. Gedenken möchte ich meines kürzlich gestorbenen Geologielehrers

Prof. Hans Cloos, dem ich meine Beziehung und Einstellung zur Natur verdanke. Einen eifrigen Mitarbeiter fand ich außerdem in meiner Tochter, die unermüdlich Pflanzen heranholt, neue Fundorte sucht und entdeckt. – Vor allem aber habe ich meiner Herausgeberin, Käthe Miethe, die mir die Anregung zu diesem Heimatbuch gegeben hat, für ihren Rat bei seiner Anlage und für ihre Mitarbeit besonders auf den Gebieten der Schiffahrt und Fischerei herzlich danken.

Die Maase

E in Fuhrwerk mit Sommergästen fährt über den Mecklenburger Weg auf die Rehberge zu mit dem Ziel Ahrenshoop. Es holpert über die dicken Baumwurzeln und sinkt immer wieder in tiefe Löcher hinein. Ununterbrochen muß man sich unter die tief hängenden Zweige der Kiefern ducken. An manchen Stellen fächeln sogar die Wedel des Adlerfarn über den Wagen. Bis über 3 Meter Höhe kann dieser Farn erreichen. Kiefernwald, Eichenwald, Lärchenbestand lösen sich in weiten Gebieten ab. Mächtige Kiefern, dann wieder schlanke, die so nebeneinander stehen, daß ihre trockenen Äste trostlos hinuntergesunken sind. Man denkt zunächst, einem Forstmanne müßte das Herz im Leibe bluten, wenn er dies sähe. Aber der „Urwald" in seiner Naturwüchsigkeit soll sich selbst weiterhelfen, sich entwickeln nach eigenem Gesetz. Die Gäste werden allmählich durch das Schütteln des Wagens müde und dösen. Bäume, immer wieder Bäume! Nur bei den gewaltigen Buchenstämmen, die immer häufiger werden, werden die Augen wieder wach.

Da taucht plötzlich hinter besonders mächtigen Buchen mitten im dichten Walde eine helle Wiese auf. Der Wagen hält. Zur Wiese hinunter fällt der Waldboden mehrere Meter tief steil ab. Die weite, ebene Fläche sieht fast wie ein großer See aus, vor allem, wenn leichter Nebel über ihr liegt. Diese Wiese – die Buchhorster Maase – ist früher tatsächlich einmal Wasser gewesen. Kein großer Waldsee, sondern Meer, ein Teil der Ostsee. Der schroffe Abhang war einstmals die Meeresküste, eine Steilküste. Dort, wo sich jetzt diese Wiese ausbreitet, brandete die See wie heute an unserem Strand, mit spielerischen Wellen an windstillen Tagen leise und harmlos an die Küste tänzelnd, mit Brauen und Wucht bei Nordstürmen und Weststürmen Riesenbrocken von den Steilhängen reißend und forttragend.

Norddeutschland war während der ganzen älteren Erdperioden eine tiefgelegene Senke, in die von den angrenzenden Landgebieten, dem Skandinavischen Massiv im Norden und dem Böhmischen Urgebietsblock im Süden, Kies, Geröll abgelagert wurden.

Doch diese frühen Schichten sind nicht formgebend für unsere Gegend geworden. Wichtiger für uns sind die jüngeren Zeiten, wie die Kreidezeit. Alle tieferen Bohrungen, auch manche flachen, treffen in Rügen und Ostmecklenburg Kreideschichten an. Also scheint die Kreide hier auf großen Strecken zusammenhängend zu liegen. Oft ist sie durch erdinnere Kräfte über ihre Umgebung hervorgehoben worden, wie auf Gebieten von Rügen. Unser Darß war während der Kreidezeit ein Teil dieses Kreidemeeres.

Die folgende Tertiärzeit ist schon ein Übergang zur Gegenwart, der Neuzeit. Die Belemniten – im Volke „Donnerkeile" genannt, weil Gott Donar sie mit seinem Donner in die Erde geschleudert haben soll und sie daher die Spitzen des Donners sind –, auch die Ammonshörner sterben aus. Die Säugetiere erscheinen. Die Tertiärzeit war eine Zeit größter erdgeschichtlicher Ereignisse. Die hohen Gebirge entstanden, riesige Überschwemmungen überfluteten auch unser Gebiet. Aber gegen Ende der Tertiärzeit kam es zu einer Beruhigung, das Meer zog sich bis auf das Nordseebecken zurück.

Obwohl die nordeutsche Senke in vielen hundert Millionen Jahren immer wieder nachgefüllt wurde, blieb sie eine Mulde. Sie wurde nicht genügend erhöht, um über den Meeresspiegel zu steigen und Land zu werden. Erst der Eiszeit, die der Tertiärzeit mit ihrem subtropischen Klima folgte, gelang es endgültig, sie mit dem mitgebrachten Gesteinsschutt so anzureichern, dass sie zum Festland wurde. Die Gesamtdicke der eiszeitlichen Erdmassen beträgt bis 300 Meter. Diese großen Mengen konnten nur abgerissen und fortgeschafft werden, weil das Urgestein des skandinavischen Blocks durch das warme, feuchte Klima der Tertiärzeit stark verwittert war. Unser Küstengebiet war während der letzten Vereisung völlig vom Eise bedeckt.

Als das Eis abschmolz, blieb der mitgeführte nordische Gesteinsschutt liegen. Wir finden ihn als Grundmoräne, Geschiebemergel, Geschiebe, Findlinge auch bei uns. Für viele dieser Ablagerungen kann man den Weg sagen, den sie genommen haben, oft auch an der Gesteinsart den Herkunftsort genau nach den nordischen Gegenden bestimmen.

Allmählich wurde das Klima nun wieder dem Ende der Tertiärzeit gleich, also dem heutigen ähnlich. Nur der Einfluß der See fehlte noch, weil damals der Darß in einem Landgebiete lag.

Einige tausend Jahre nach der Eiszeit, dem Diluvium, der Sintflut, hob sich der skandinavische Block vom Drucke des Eises befreit; dadurch senkte sich gleichzeitig die norddeutsche Bucht als andere Schale dieser großen Waage. Bei dieser Senkung auch des südlichen Ostseebodens, der Litorinasenkung, stieg der Spiegel der Ostsee, und die südliche Ostseeküste wurde von der See überflutet. Nur die ehemals höher gelegenen Stellen ragten als Inseln aus der Flut hervor. Auf unserem Darß waren es der Alt-Darß (südlicher Teil des Darß'), ein Teil der Sundischen Wiese und ein Stück Bock. Bohrungen haben hier denselben Sand festgestellt, den das Festland zeigt. Es ist auf dem Alt-Darß Heidesand, ein sehr feinkörniger, fast kalkfreier Quarzsand, der nur geringfügige Beimengungen von Feldspatteilchen enthält. Er ist 7 bis 14 Meter mächtig. Darunter liegt Geschiebemergel, der in Born bei 11 Metern Tiefe, in Wieck bei 14 Metern Tiefe beginnt. Segebarth berichtet vom alten Darß: „Hier besteht der Boden aus einem durch Eisenbeimengungen gelb gefärbten Sande, fast durchgehend mit Ortstein-Unterlage, in den Wiesen mit großen Resten von Raseneisenstein, der früher (1848 bis 1849) in dem Königlichen Hüttenwerk Torgelow bei Pasewalk verarbeitet wurde. 1848/49 mußte ich auf einer Yacht fahren, womit wir von Wieck aus Eisenerde nach Torgelow segelten."

In jener vorgeschichtlichen Zeit, als unser Darß nur aus einigen Inseln bestand, haben schon Menschen an der Küste der Maase gelebt, die mit einfachen Booten und bescheidenen Werkzeugen Fische fingen, in den Wäldern des Hinterlandes Wild erlegten. Es sind Funde bei der Buchhorster Maase gemacht worden, nach denen man annehmen kann, daß in der Jüngeren Steinzeit – also zwischen 5000 und 2000 v. d. Z., während der Litorinazeit – auf den höher gelegenen Stellen des Küstenstreifens Menschen gesiedelt haben.

Auch auf der sogenannten Prerowbank, die sich nördlich von Darßer Ort erstreckt, sind Funde vorgeschichtlicher Art gemacht worden, Feuersteingeräte, bearbeitete Tierknochen und sogar Bronzen. Die Prerowbank war während der Litorinasenkung eine Insel, die dem Festlande vorgelagert lag. Zu diesem Festlande gehörte auch der Darß.

Wer Genaueres darüber nachlesen will, muß versuchen, sich das längst vergriffene Büchlein „Beiträge zur Geschichte des Darß und des Zingstes" von Gustav Berg, Verlag des Wielandhauses, Prerow, zu verschaffen.

Nach beendeter Litorinasenkung, der eine kleine Schnecke Litorina litorea, die noch heute an unserem Strande zu finden ist, ihren Namen gegeben hat, führte die Küstenversetzung das begonnene Werk fort. Auch hier arbeiten dieselben Kräfte wie in der Gegenwart. Wind und Wellen formen unaufhörlich an unserer Landschaft. Da die Hauptwindrichtung von Westen nach Osten geht, also Westwinde vorherrschen, gibt der Westen unermüdlich an den Osten ab: Der Darß wächst auf Kosten des Fischlandes und des Weststrandes nördlich von Ahrenshoop. Der „Vordarß" zwischen dem Fischland und dem alten Kern, dem „Alt-Darß", ist das Ergebnis dieser Landwanderung. Ebenso wächst der Bock auf Kosten des Zingstes.

Auch nördlich vom Alt-Darß bei Darßer Ort und in der Prerowbucht wurde Land angeschwemmt. Die Maase wurde Festland, ja,

Litorina litorea

sie wuchs ständig nach Norden zu weiter. Der „Neu-Darß" bildete sich. Dünenzug um Dünenzug lagerte sich nördlich vor ihr an. Jede dieser alten Dünenreihen bezeichnet eine alte Strandlinie. Sie verlaufen von Westen nach Osten und werden im Volksmunde „Reffe" genannt, die dazwischenliegenden Dünentäler jedoch „Riegen". Diese Dünentäler beherbergen Seen: Sandkrüe-, Teerbrenner-, Brand-, Vorder- und Süderbramhaken-, Tiefe Stück-, Schmalriff-, Heidensee. Zum Teil sind diese heute verlandet, verschilft oder mit Erlenbrüchen bestanden, mit kleinen Hochmoorbildungen gefüllt. Die Dünen sind dort nur 1,5 bis 3 Meter hoch, bei Esper Ort jedoch 7,2 Meter. Die Abstände zwischen ihnen sind verschieden. Sie betragen an manchen Stellen 30 Meter, an anderen 200 Meter und mehr. Eine Altersbestimmung läßt sich an den Dünenwällen nicht mit Sicherheit gewinnen.

Die Gerölle des Weststrandes stammen zum Teil von dem Diluvialkliff des Festlandes, der Maasenböschung. Der Sand wird heute noch genauso forttransportiert. Zum kleineren Teil wird er an Darßer Ort, zum größeren Teil hinter die Spitze verfrachtet und in der Prerowbucht abgelagert. Zur Zeit, da die Schwedische Matrikelkarte aufgenommen wurde, Ende des 17. Jahrhunderts, bildete der heutige Leuchtturmweg noch die Strandlinie. Nördlich davon war Meer.

Von 1595 bis 1925 hatte Darßer Ort einen Zuwachs von 2 ½ Kilometer Länge. Nach anderen Berechnungen sind es durchschnittlich 7 Meter in einem Jahr, nach wieder anderen 10 Meter. Das Alter des Neu-Darß' wird in den verschiedenen wissenschaftlichen Schriften zwischen 4400 und 900 Jahren angegeben. Der

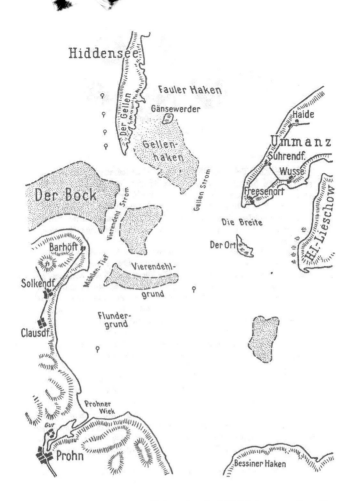

Neu-Darß hat also vermutlich mehr als 1 000 Jahre zu seiner Entstehung gebraucht, geologisch gesehen, einen sehr kurzen Zeitraum.

Das deutsche Wort „Ort" bedeutete früher soviel wie „Ecke, Winkel". Darßer Ort ist für die Seefahrenden schon immer eine der gefährlichsten „Ecken" der Ostsee gewesen; die Seekarten müssen laufend nach dem Stand des Landzuwachses verändert werden.

Ebenso bekannt wie Darßer Ort ist auch die Stelle am Weststrand, die den Namen „Esper Ort" trägt und schon von weitem durch eine Gruppe herrlicher Buchen zu erkennen ist. Nein, – das

stimmt für uns heute leider schon nicht mehr! Das Wahrzeichen von Esper Ort ist bis auf zwei Buchen ein Opfer der Winterstürme geworden. Nirgends in der Literatur findet sich übrigens eine Erklärung für den Namen Esper Ort. Vermutlich stammt der Name schon aus sehr früher Zeit, als Esper Ort dieselbe Rolle spielte wie heute Darßer Ort, die nördlichste Spitze des Darß' zu sein. Espen gibt es dort weit und breit nicht mehr, aber August von Wehrs erzählt von Ahrenshoop: „... woselbst sich auch Espen befinden ..." Vielleicht standen dort also wirklich einmal Espen, die unter dem Namen Zitterpappeln (Populus tremulus) bekannt sind.

Die Prerowbucht wird im Volksmunde „Lang" genannt. „Dor liggt 'n Schipp in de Lang", sagt man, anstatt: Dort liegt ein Schiff in der Bucht vor Anker. Der Name „Lang" rührt von der Sage her, daß in früheren Zeiten in der Bucht ein Ort „Langendorf" gelegen haben soll.

Etwa in der Mitte der gesamten Halbinsel Darß-Zingst schwemmt das Meer keinen Sand mehr an, sondern trägt ab, so daß Buhnen zum Schutze der Küste gebaut werden müssen. Erst weit im Osten, am Bock, wird wieder Land angesetzt. Hier kann man am besten das zähe Wirken der Naturkräfte studieren, gegen die der Mensch sich unermüdlich zur Wehr setzen muß, wenn sie seine Kreise stören. Wer eine Karte zur Hand nimmt, die unser vielgestaltiges mecklenburgisches Küstengebiet zeigt, etwa von der Wismarer Bucht bis zum Greifswalder Bodden östlich der Insel Rügen, oder besser noch, wer Einblick in eine Seekarte nehmen darf, die die Tiefen unserer Gewässer verzeichnet, wird den rechten Eindruck davon bekommen, was dieser Sandtransport des Windes und der Wellen für unsere Küste und die Schifffahrt bedeutet. Dort wird er erkennen, wie sich die Südspitze Hiddensees, der schmale flache Gellen, gleich einem lang ausgestreckten Zeigefinger zum Festland reckt, wie der Bock ihm entgegenwächst. Hätte der Mensch sich hier nicht „nach den Jahrhunderten der Gedankenlosigkeit", wie Prof. von Bülow es so treffend nennt, seit Generationen durch Baggern und Baggern und wieder Baggern der Entwicklung entgegengestemmt, hätte die Halbinsel Zingst mit ihrem Vorposten am Bock den Zeigefinger des Gellen gefaßt und festgehalten, wäre Stralsund seit langem von dieser schmalen Durchfahrt zur westlichen Ostsee abgeschnitten worden. Wir sind, wie von einer unsichtbaren Hand geführt, von der lichten Waldwiese der Maase bis zu einem Blick über unsere ganze Küste gekommen. Das geschah folgerichtig, denn wir sahen mit eigenen Augen in der Maase den Anfangspunkt jener lebendigen, eifrig betriebenen Wandlung, die unseren Heimatboden in ständiger Bewegung hält. Was uns die Schriften der Geologen und ihre Karten von den Schicksalen der niederdeutschen Ebene und der ihnen vorgelagerten Wasser berichten, wobei uns die Jahrtausende, mit denen sie rechnen, den Atem verschlagen, weil die Vorstellungskraft versagt, können wir in unserer Heimat „leibhaftig" miterleben.

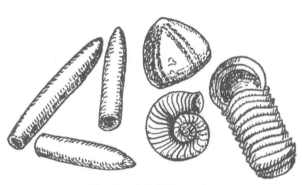

Belemniten, Seeigel, Ammonshorn

Aus der Geschichte

Nachdem wir einen Blick in die Geschichte unserer Heimat getan haben, die die Natur für jeden, der sie zu lesen versteht, in deutlichen Zügen sichtbar macht, müssen wir kurz auf diejenige Geschichte eingehen, die die Menschen auf ihr geschrieben haben. Das ist ein Kapitel, das uns beschämen kann, aber für die Zukunft reiche Belehrung bietet. Man fragt sich dabei: Warum herrscht soviel Gewalttätigkeit und Unterdrückung auf unserer Welt? Warum fragte keiner nach den Leiden derer, die gegen ihren Willen einbezogen wurden? Warum wurden unsere bescheidenen Ortschaften mit ihrer friedfertigen Bevölkerung, die Seefahrt, Fischerei und Landwirtschaft betrieb, in die Händel der sogenannten großen Welt ohne ihren Willen hineingerissen? Was allein hat der Darß, dieses unvergleichlich schöne Waldgebiet, dabei opfern müssen? Und für wen? Darauf kommen wir im einzelnen noch zurück, wenn vom Darß die Rede ist.

Die älteste Nachricht über die Gebiete an der südlichen Ostsee stammt von dem Griechen Herodot. Er erzählt: „In Pfahlbauten am Wasser, behängt mit Bernsteinschmuck, fanden Kaufleute der Mittelmeerländer die Küstenbewohner der Ostsee, erhandelten viel von dem goldigen Gebilde und machten die Griechen damit bekannt."

Spuren solcher Pfahlbauten sind bis jetzt auf dem Darß nur bei Born gefunden worden. Es kann allerdings sein, daß auch der Pfahlrost, der auf der Maase entdeckt worden ist, aus jener Zeit stammt.

Durch ihre Lage an der südlichen Ostseeküste, die lange Zeit ein Zentrum von Wirtschaft und Handel war, haben Neuvorpommern und Rügen ihre eigene Entwicklung innerhalb Deutschlands gehabt. Die Nachbarschaft zu den skandinavischen Ländern Schweden und Dänemark ließ sie mehr nach Norden als nach Süden schauen. Sie stellen das natürliche Eingangstor der nordischen Staaten zum Festlande dar. Zugleich bedingte die Nähe der großen Hansestädte Rostock, Lübeck, Wismar, die während des ganzen Mittelalters der Sammelpunkt des Wirtschaftslebens waren, eine Ausrichtung nach Westen. Beides brachte eine gewisse Loslösung vom übrigen Deutschland.

In frühester Zeit war Pommern vermutlich von Germanen bewohnt. Um 400 wanderten die deutschen Stämme aus der Ostseegegend fort, sie zogen gen Süden, und Wenden siedelten sich an diesen verlassenen Plätzen an.

Die erste geschichtliche Kunde vom Darß stammt aus dem Jahre 1166. Thomas Kantzow erzählt in seiner Chronik: „... so schickte alsbald der König Waldemar von Dänemark seinen Sohn Christopher und den Bischof Absalon von Röskilde mit etlichem Volke auf der Herzöge von Pommern Land, als da ist Barth, Dartz, Cingst und ließ sie überfallen. Aber sie richteten ohne ein wenig Raub nichts aus."

1179 wurden die Barther Lande den Pommern von den Dänen entrissen. Jaromar von Rügen, der als erster Fürst zum Christentume bekehrt worden war, kämpfte mit den Dänen gegen die Pommern. Die Dänen trennten den westlichen Teil Neuvorpommerns von Pommern und unterstellten ihn den Fürsten von Rügen. So erhielt also Fürst Jaromar sein Land von Dänemark als Lehen. Dazu gehörte auch Barth mit dem Darß und dem Zingst. Nach diesem Siege der Dänen wanderten viele Deutsche ein. Sicher sind auch der Darß und der Zingst in den folgenden Jahrhunderten besiedelt worden.

Geräte und Scherben aus der frühen Wendenzeit sind bei uns nicht gefunden worden, aber eine Erinnerung an die Zeit der Wenden sind unsere Ortsnamen. Der Name „Darß" kommt vermutlich von draci = Dornbusch, „Zingst" von seno = Heu, denn der Zingster Heureichtum war damals bemerkenswert. „Prerow", früher meist Prerau geschrieben, kann von prerowa = Durchbruch kommen. Es gibt einen Ort Prerau in Böhmen. Dieser Name galt aber zunächst nicht der Niederlassung Prerow, sondern dem Prerower Strom. „Straminke" – stremink – bedeutet kleiner Bachriß. „Born" könnte aus Borina = Föhrenwald entstanden sein. Auch die Namen Kirr, Lychen sind slawisch. Im Gegensatz zu den Ortsnamen sind unsere alten Flurnamen deutsch.

Nachdem der Darß dänisch geworden war, wurde das Christentum eingeführt. Aber es dauerte lange, bis alte heidnische Gebräuche verschwanden, wie das Strandrecht, nach dem alle Güter eines gestrandeten Schiffes den Bewohnern des Strandortes gehörten. Selbst Beihilfe zur Strandung durch irreführende Lichter war damals „legalisiert".

Schenkungen, Kriegszüge, Raubzüge, mit denen sich zu jenen Zeiten die Fürsten Land und Menschen entrissen oder in die Hände spielten, brachten unsere Heimat mal unter rügensche, mal unter pommersche oder mecklenburgische Herrschaft; und als sich die pommerschen Herzöge, die gerade darüber verfügten, unter den Schutz des deutschen Kaisers stellten, wurden wir Kaiser Barbarossa „untertan". Die Einwanderung Deutscher wurde von den pommerschen Fürsten gern gesehen, weil sie Ödland und Waldland rodeten und zu fruchtbarem Ackerland zu machen verstanden. Dörfer entwickelten sich, die nur von Deutschen bewohnt wurden, deutsche Sitte und deutsche Gebräuche setzten sich durch.

Obwohl die Herzöge von Pommern eigentlich reichsunmittelbare Fürsten waren, verstanden die Markgrafen von Brandenburg, Pommern als ihr Lehen hinzustellen. Als der letzte Pommernherzog, Bogislaw XIV., starb, hätte Pommern demzufolge an Brandenburg fallen müssen. Die Schweden hatten jedoch schon in diesen Ländern Fuß gefaßt. So wurde nach dem 30jährigen Kriege 1648 Vorpommern mit Rügen schwedisch.

Für kurze Zeit, von 1715 bis 1720, ist der Darß noch einmal dänisch gewesen. Das waren keine glücklichen Jahre, denn wie immer nutzten auch die Dänen ihre Rechte dazu aus, die großen Wälder abzuholzen, Raubbau zu treiben. Admiral Timm ließ die wunderbaren Eiben umlegen, an denen der Darß damals so reich war, und bestimmte das Holz für den Aufbau der abgebrannten Stadt Kopenhagen. Täglich schlugen im Darß 1000 Mann vor allem die hohen Kiefern und Eiben. Die Schlösser Rosenborg und Amalienborg bei Kopenhagen sind aus Darßer Eiben „aufs prächtigste eingerichtet und getäfelt".

Die Darßer waren froh, als sie wieder unter schwedische Herrschaft kamen, denn Schweden behandelte diese Gebiete verhältnismäßig milde, gewährte ihnen manche Freiheit. Dadurch trat eine gewisse Entfremdung zwischen dem nun schwedischen Lande und Deutschland ein, denn in Preußen wurde hart und streng regiert. Die Darßer Bauern hatten vor allem weniger unter der Leibeigen-

schaft und Erbuntertänigkeit zu leiden. Sie unterstanden nicht einem Gutsherrn, sondern dem Fürsten unmittelbar und konnten sich jederzeit freikaufen. Das nahmen vor allen Dingen die Seefahrer wahr, die von ihren Fahrten Geld nach Hause mitbrachten und Fühlung mit der Welt gefunden hatten. Man zahlte 50 Reichstaler für die Befreiung eines Mannes, 25 Reichstaler für eine Frau. Über diese Taxe kann man sich heute noch allerlei Gedanken machen. War die Frau den Regierenden nur halb so viel wert wie der Mann, oder kam man dem weiblichen Geschlecht freundlicherweise mit 50 Prozent entgegen? Jeder mag aus diesen Sätzen herauslesen, was ihm am besten dünkt, eine öffentliche Herabsetzung des Wertes der Frau als Arbeitstier, oder das Bestreben, einem Vater oder einem Ehemanne ein gutwilliges Angebot zu gewähren.

1806 wurde in Schwedisch-Vorpommern die Leibeigenschaft aufgehoben, nachdem das „Heilige Römische Reich deutscher Nation" ein unrühmliches Ende gefunden hatte und der schwedische Besitz auf deutschem Boden aus den Fesseln dieses Staatengebildes gelöst worden war.

Obwohl der Darß fast 200 Jahre schwedisch war, ist selten eine Heirat zwischen Schweden und Darßern geschlossen worden. In den Kirchenbüchern werden nur acht Schweden genannt, die Darßerinnen heirateten, und nur ein Darßer, der mit einer Schwedin eine Ehe einging.

Die Vermessungen, die auf dem Darß von der schwedischen Regierung vorgenommen worden waren, wurden von Schweden gemacht, ihre Dorfbeschreibungen sind in schwedischer Sprache geschrieben worden. Sonst tragen alle Akten jener Zeit die deutsche Sprache. Obwohl der Darß mit ganz Schwedisch-Vorpommern dem König von Schweden untertan war, war er deutsches Reichsland, wurde nach deutschem Recht verwaltet, deutsches Geld galt, und auch die Verwaltungssprache war deutsch.

Seine Abgelegenheit brachte dem Darß manchen Gewinn gegenüber dem übrigen Deutschland. So drangen die Auswüchse der Kriegszeiten seltener dorthin, und der Arm des Gesetzes reichte nicht so leicht bis in diese äußerste Ecke. „Da kümmt nix na", pflegten die Darßer zu sagen.

Und doch hat der Darß sein redlich Teil von den schweren Zeiten abbekommen. Im Siebenjährigen Kriege kamen Truppen Friedrichs II. auf den Darß. In der napoleonischen Zeit litten die Darßer sehr unter der französischen Herrschaft. Nach den Schlachten von Jena und Auerstädt drangen Franzosen bis Schwedisch-Vorpommern vor. Einquartierungen, Lieferungen wurden verlangt, rücksichtslose Requisitionen vorgenommen. Von Prerow wird folgende Geschichte erzählt: Franzosen, die im Grundstück des Schulzen Niemann nach Geld suchten, waren mit dem ihnen vorgesetzten Essen nicht zufrieden und bedrängten die Magd Dorothea Kräft, die „Grot-Durtig" genannt wurde. Sie ließ es sich nicht gefallen, stieß den Soldaten zu Boden, rannte zum Brunnen, stellte eine Leiter hinein, kletterte hinunter und machte den Deckel über sich zu. Erst als sie hörte, daß die Horde wieder abgezogen war, kam sie zum Vorschein. Am nächsten Tage erschienen dieselben Franzosen wieder auf dem Grundstück, dieses Mal als Gefangene eines Schillschen Offiziers. Die Magd durfte die Strafe für den Soldaten vom vergangenen Tage bestimmen. Sie überlegte einen Augenblick. Dann nahm sie kurz entschlossen einen großen Topf Wasser und goß ihn dem Mann über den Kopf. Nachher gab sie dem durstigen Gefangenen zu trinken.

Im März 1813 hörten diese Bedrückungen durch die Franzosen auf, und nach Verhandlungen auf dem Wiener Kongreß wurden 1815 Schwedisch-Vorpommern und Rügen gegen eine Entschädigung von 3½ Millionen Talern von Schweden an Preußen abgetreten. Am 1. Oktober 1815 entband der schwedische König Karl XIII. die Einwohner Schwedisch-Vorpommerns und Rügens des ihm geleisteten Eides der Treue. In Stralsund fand am 23. Oktober die feierliche Übergabe durch den Kommissar des schwedischen Königs, Generalleutnant Gustav Boye, an den Bevollmächtigten des Königs von Preußen, Staatsminister und Oberpräsidenten von Pommern, Freiherrn von Ingersleben, statt. Damit war Neuvorpommern preußisch geworden. In Kunst und Volkskunde lassen sich noch immer Zusammenhänge mit dem nordischen Reich, das so lange mit dem deutschen Lande in naher Verbindung stand, erkennen.

Nach 1945 wurde Neuvorpommern an Mecklenburg gegliedert. Umsiedler fanden eine neue Heimat in unseren Dörfern. Der seit vielen Jahrhunderten fast ganz auf sich selbst gestellten Bevölkerung des Darß' wurden neue Kräfte und Fähigkeiten zugeführt. Eines kann man schon heute sagen: das Hineinwachsen der Neubürger in unsere Gemeinden vollzieht sich stetig und ohne Bemerken. Viele Ostpreußen, Sudetendeutsche und Schlesier haben bei uns eine neue Heimat gefunden. Sie stammen aus völlig anderen Landschaften, aus dem Gebirge, aus weiten Ebenen. Aber der größte Teil von ihnen wird als zugehörig empfunden und fühlt sich selbst mit uns verbunden. Wir haben ihrer Wesensart viel zu verdanken. Vielleicht hat die Größe unserer Natur, die der ihrer alten Heimat in nichts nachsteht, mit dazu beigetragen, daß diese Entwicklung so rasch vor sich gehen konnte.

Die Kronheide

Bei dem Worte „Urwald" denken wir an tropische, von aller Forstkultur unberührte Wälder, an den Regenwald mit seinem undurchdringlichen Dickicht, der schwülen, feuchten Luft, dem Dunkel, den zahllosen Schlingpflanzen, bunten Vögeln und Schmetterlingen, den vielen Überpflanzen mit ihren zarten Blüten. Man kann aber getrost auch den Darßer Wald wie den Bayrischen Wald, den Altvater, die Karpathen wegen ihrer Wildheit und Urwüchsigkeit „Urwälder" nennen.

Wenn man im Herbst bis in unsere Dörfer hinein die Hirsche im Darß röhren hört oder viele Kilometer weit immer nur durch Wald geht, durch Kiefernwald, Buchenwald, Eichen, Lärchen, die gewaltigen Stämme über niedrigem Unterholz sieht, gleich darauf wieder dünne, zu dicht stehende Bäume, umgefallene Baumriesen, von Moos und Flechten überwachsen, von Efeu und Jelängerjelieber umrankt, Erlengestrüpp, Sümpfe, alles in buntem Wechsel – sollte man da dem Wort „Urwald" nicht Glauben schenken? Dann versteht man auch, daß er schon immer trotz seiner Abgelegenheit zur Jagd aufgesucht wurde, Jäger und Naturfreunde anzog, von Bengt Berg zum Naturschutzpark vorgeschlagen wurde.

In dem ehemaligen Jagdhaus in Born, wo heute das Forstamt seinen Sitz hat, haben Könige aus Schweden, aus Dänemark gewohnt und nach den Jagden ihre üblichen Gelage gefeiert. Bis in unsere eigene Lebenszeit hinein haben „hohe Herrschaften" den Darß als ihr privates Jagdrevier betrachtet. Viele Maler haben sich um seine Eigenart, seine Einmaligkeit bemüht. Ihnen ist das Heer der Photographen gefolgt. Seit einem Menschenalter ist allein durch das Lichtbild in der Presse und durch Bildvorträge der Darß zu einer Berühmtheit gelangt, die seinen kostbaren Bestand an seltenen Pflanzen und Vogelarten gefährden kann; denn Begeisterung ist nicht selten mit Ichsucht und Gedankenlosigkeit verbunden.

Schon 1658 wird vom Darß ausgesagt, seine Wälder seien „ein herrlich Kleinod von Hölzung, ein überaus schönes Gelege von hohem und niederem Wild, wie dergleichen in Vorpommern nicht zu finden." Bei vollkommener Mast könnten 1000 Schweine „feist"

gemacht werden. Die Schwedische Matrikel vermerkt, daß im Innern meist mittlerer Kiefernwald sei, gegen die Küste zu Eichen und Buchen, an den tiefgelegenen Stellen Erlenbruchwald. Am Darßer Ort stünden „hohe, grasbewachsene Sanddünen."

Der Boden des Darß' besteht vornehmlich aus Sand, ist im Altdarß von diluvialer, im Neudarß von alluvialer Beschaffenheit. Es ist eine sehr eigenartige Vorstellung, daß dieser Reichtum an Baumriesen, Kletterpflanzen, Farnkräutern und Waldblumen in ihrer kaum faßbaren Vielfältigkeit auf Sandboden gewachsen ist; nur die Bewegtheit dieses Bodens, die man bei jeder Darßwanderung erlebt, gab dieser Vielfältigkeit Raum. Alte Dünenberge wechseln mit ehemaligen Dünentälern ab, den Boden des Waldes haben gleichsam Wellenberge und Wellentäler der See geformt. Auf den trockenen Höhen wächst eine andere Flora als in den Senken, die feucht, sumpfig und moorig sind. Das vor allem macht die unvergleichliche Schönheit dieses Waldes aus. Am häufigsten ist die Kiefer vertreten, und zwar die Pinus silvestris. Die unterschiedlichen Lebensbedingungen der Standorte bestimmen naturgemäß auch den Habitus der Bäume und die Güte ihres Holzes. Gerade der eine Sandboden, der ärmste Boden, bringt das wertvollste Holz hervor, das allerdings langsamer wächst und entsprechende Zeit braucht, ehe es geschlagen werden kann.

August von Wehrs schreibt 1819: „Holzsurrogate findet man nicht überall; Steinkohlen und Torf sind, wie fast alles, was Surrogat heißt, nur ein Notbehelf. Zwar will ich den Nutzen derselben keineswegs verkleinern, aber sie geben doch nie ein so angenehmes Brennmaterial ab wie das Holz ... Beschlösse Gott aber, das Menschengeschlecht zu vertilgen, so dürfte er nur alles Holz von der Erde verschwinden lassen, und der Endzweck wäre erreicht." Dann allerdings hätte es auch in unserer engeren Heimat keine Hexenverbrennungen geben können, zu der der Darß einmal das Holz beisteuern mußte, wie die alte Barther Chronik meldet.

Unser Holzreichtum hat zu allen Zeiten zum Raubbau am Walde gelockt. Obwohl der Darß so abgelegen liegt, hat er sein redlich Teil von den wirren Zeiten der Geschichte abbekommen. Vor allem diejenigen Völker, die wußten, daß sie nur vorübergehend im Besitz des Darß' sein würden, plünderten den Wald rücksichtslos aus. Zuerst waren es die Dänen, die ihn nur von 1715 bis 1720 beherrschten, aber eine schlechte Erinnerung an diese kurze Zeit hinterließen. Noch heute wird ein Weg im Walde der „Timmweg" nach dem dänischen Admiral genannt, der damals den Einschlag befahl. Er führte von Hagens Düne zum Bernsteinweg. Dort sollen noch Spuren der Behausung gefunden worden sein, in welcher der Admiral seine Aufsichtsbeamten untergebracht hatte, als er mit seiner Flotte in der „Lang", der Prerower Bucht, vor Anker lag.

„... indeß wurde auch von den Dänen viel Darßer Holz an Franzosen und Spanier verkauft, wovon noch ein Theil des Wiecker Beritts, den die Spanier damals abgeholzt haben, bis auf diesen Tag die spanische Heide genannt wird" ... „Zurzeit der dänischen Besatznahme im Anfange des vorigen Jahrhunderts standen hier noch Kiefern, die zu den nöchsten Mastbäumen benutzt werden konnten." Diese Nachricht verdanken wir August von Wehrs.

Damals wuchsen noch Eiben im Wald. Der Name Ibenhorst erinnert daran. Sie sind bis auf wenige Exemplare völlig ausgerottet worden. Das meiste Eibenholz wurde nach Kopenhagen geschafft und zum Aufbau der abgebrannten Stadt verwendet. Eiben wachsen langsam, haben aber festes, kerniges, rötliches Holz, das eine prachtvolle Maserung zeigt, die man heute noch an den Wandtäfelungen der dänischen Schlösser bewundern kann.

Ein schöner Eibenstubben liegt jetzt vor unserem Darßer Heimatmuseum. Herr v. Wedelstädt, der die Heimatausstellung ins Leben rief, ließ diesen Stubben, der bereits von anderen Gehölzen völlig überwachsen war, heraushauen und nach Prerow bringen. Dieses Erinnerungsstück, ein Naturdenkmal, kann schon als Stubben mindestens 150 Jahre, vielleicht auch schon 250 Jahre alt sein.

In Prerow wachsen noch auf mehreren Grundstücken Eiben. Eine, die 700 Jahre alt ist, steht im Pfarrgarten, eine andere vor der Fleischerei Neugebauer, zwei bei Barfknecht in der Grünen Straße, zwei weitere hinter Haus Zwei-Eiben in der Waldstraße. In Zingst steht eine uralte Eibe auf dem Grundstück, wo jetzt die Kreissparkasse untergebracht ist.

Ebenso schwer wie durch die Dänen wurde der Darßer Wald zur Zeit der französischen Besatzung Anfang des 19. Jahrhunderts mitgenommen. Wehrs schreibt: „Wie viel der Darß später durch die zweimalige so verderbliche französische Occupation gelitten hat, ist fast unerhört. Die meisten Holzbedürfnisse für die französischen Truppen mußten von da geliefert werden. Man forderte mehr, als man gebrauchte; waren z. B. 100 Faden Brennholz nötig, so wurden von den Commissairs, Ordonnateurs, oder wie die

Blutigel sonst hießen, 200 Faden requiriert. Den Überschuß verschleuderte man für ein Spottgeld."

Durch diese Willkür, gegen die keine Behörde einschreiten durfte, wurde einer Mißachtung der Gesetze geradezu Vorschub geleistet. Holzdiebstähle in größtem Ausmaß gehörten zur Tagesordnung. Weil die Schifffahrt während der Blockade zu fast völligem Stillstand gekommen war und die Darßer keinen ausreichenden Erwerb mehr hatten, mußte der Wald als einziger, der ihnen noch geblieben war, herhalten. „Jeder Einlieger hielt zum wenigsten ein Pferd, um das gestohlene Holz fortzuschaffen."

Außerdem wurde der Wald als Viehweide benutzt. Ganze Herden liefen in den Schonungen herum und fraßen die Knospen der jungen Kiefern ab. „Es ist wirklich himmelschreiend, wenn man im Winter der vor Hunger blökenden Herde begegnet, und dabei den verwüsteten jungen Aufschlag sieht." Selbst Pferde weideten noch in der Mitte de 19. Jahrhunderts nachts im Walde, und Segebarth berichtet von rund 2 000 Kühen, die im Sommer im Darß ihr Futter suchten.

Da 1801 ein Orkan 30 000 Kiefern entwurzelt hatte, schloß sich auch die Natur der Schädigung des Waldes an.

Der nützlichste Baum im Darß ist die Kiefer, oft fälschlich Tanne genannt. Aber die schönsten Bäume sind die alten Buchen. Sie stehen vereinzelt im Kiefernwald oder sind mit Kiefern vergesellschaftet, bilden jedoch auch geschlossene Bestände. In der Nähe der Maase und des Weststrandes erreichen sie den mächtigsten Umfang. Sie sind oft über 200 Jahre alt. Vom Sturm zerzaust stehen sie am Weststrand, haben sich immer gegen ihn behaupten müssen und sind als Zeugen längst vergangener Zeiten übriggeblieben. Als sie jung waren, lag ihr Standort etwa 100 bis 150 Meter vom Strande entfernt. Von Jahr zu Jahr fraß sich das Meer näher an sie heran. In jedem Winter riß es ein Stück der Steilküste des Weststrandes ab und brachte sie dichter an die Zone der Gefahr. Schließlich liegt der Steilhang unmittelbar vor ihnen, und ihnen wird dasselbe Schicksal wie ihren Geschwistern in der Vergangenheit zuteil: Der Sand wird zwischen ihren Wurzeln herausgeweht und von den Wellen ausgewaschen. Unverankert können sie sich nicht halten und stürzen in die Tiefe des Strandes. Ihre Kronen wa-

ren bereits lange dem Gesetz des Windes verfallen. Er hatte sie ab-
gehobelt, wie er auch die Dünen formt, so daß sie zu „Windflüchtern" geworden sind und jene „Pinienform" annehmen mußten, die
für die Bäume und Sträucher des Weststrandes typisch ist. Immer
berührt uns dieses unentrinnbare Schicksal tief. Im Winter 1954
haben wir nach der Sturmflut vom 4. Januar die letzte große Buche von Esper Ort mitten am Strande liegen sehen, unbeschädigt,
in voller Größe. Ein gefällter Riese, ein unersetzliches Naturdenkmal ging mit ihr dahin.

An anderen Stellen des Darß' gibt es Lärchenbestände, auch reinen Eichenwald. Auf dem moorigen Boden gedeihen die Erlen in
ausgedehnten Brüchen, von vielen Weidenarten begleitet. Birken
unterbrechen mit ihren lichten Stämmen die Dunkelheit. Aufge-
lockert wird der Wald durch die stachligen Wacholder- und Ilex-
büsche, Wacholder mit blauen mattschimmernden Beeren, Ilex mit
roten Beeren, beide in seltsamen, phantastischen Formen, die in alten Zeiten so oft den Glauben an Gespenster nährten. Der Ilex wird
auch Stechpalme oder Hülsenbusch genannt. Nach ihm heißt die
„Hülsenstraße", die in Prerow von der Drogerie Kraeft parallel der
Waldstraße abgeht. Ilex ist ein immergrüner Strauch, der eigentlich zum atlantischen Florengebiet gehört, aber wegen der großen
Luftfeuchtigkeit auch auf dem Darß gedeiht. Wir finden Sträucher

von 4 Metern Höhe. Die glänzenden Blätter haben dornige Spitzen, die oberen Blätter sind ganzrandig wie beim Efeu. Der Efeu umschlingt viele Bäume bis zu großer Höhe so dicht, daß man ihren Stamm nicht mehr sieht. Auf die umgestürzten Baumriesen und die alten vermorschten Baumstämme sind oft völlig in Efeu eingehüllt.

Die zweite Schlingpflanze unseres Waldes Jelängerjelieber (Lonicera) mit ihren zierlichen, süß duftenden gelbrosa Blüten und später roten Beeren entwickelt bei uns dicke holzige Stämme, die sich in die Schäfte der Kiefern hineinbohren, ihnen den Atem nehmen, sie schließlich erwürgen.

Der Adlerfarn tritt auf dem Darß in riesigen Mengen auf, er bildet zum Teil kleine Urwälder für sich, die einen eigenartigen Zauber ausüben. Neue Kahlschläge werden sofort vom Adlerfarn erobert. In seinem hellen Grün im Sommer, in gelben und braunen Farbtönen im Winter bedeckt er den Boden. Er wird so hoch, daß er über dem Fuhrwerk und seinen Insassen zusammenschlägt. Die Darßer mähen den Farn zum Teil und benutzen ihn als Streu oder zum Schutz der Kartoffeln gegen Kälte und Ungeziefer beim Einkellern. Im übrigen düngt er den Wald.

An feuchteren Stellen wächst der seltene Königsfarn (Osmunda regalis) mit seinen großen ungeteilten Blättern und seinem zarten Grün. Oft steht der Sumpfporst (Ledum palustre) – das Mot-

Sumpfporst (Ledum palustre)

Moosbeere (Vaccinium oxycoccus)

tenkraut unserer Großmütter – in seiner Nähe, mit seinem strengen Duft, seinen blaßrosa Blütchen, die mitunter im Oktober zum zweiten Male blühen.

An trockenen Stellen überzieht das Heidekraut (Calluna vulgaris) den Boden, an feuchteren Stellen die Glockenheide (Erica tetralix). Blau- und Preiselbeeren und die Krähenbeere (Empetrum nigrum) mit ihren großen schwarzen Beeren schauen daraus hervor. Gelegentlich gesellt sich die versteckt wachsende zarte Moosbeere mit ihren hellen Beeren auf dem überschlanken Stengel hinzu, von dem man kaum zu glauben wagt, daß er die große Frucht tragen kann.

Ein zweites „Mottenkraut", der Gagel (Myrica gale), der auch an sumpfigen Stellen wächst, wurde gegen Motten und Ungeziefer in das Bettstroh gelegt und früher anstatt des Hopfens beim Bierbrauen gebraucht.

Im Kiefernwalde wächst an einer Stelle das Moosglöckchen, Linnaea borealis genannt, weil es die Lieblingsblume des bekannten schwedischen Naturforschers und Systematikers Linné war. Er ließ sich in China ein Teeservice aus allerfeinstem Porzellan anfertigen und auf jedes Stück seine Blume malen. Dieses kostbare Ser-

40

Der Gagelstrauch (Myrica gale)

vice wird zum Andenken an den großen Botaniker im Museum in Uppsala aufbewahrt.

Zwischen dem Torfmoos in seinen hellgrünen und rosa Farben und der Glockenheide fühlt sich der rundblättrige Sonnentau (Drosera rotundifolia) wohl. Glücklicherweise paßt er sich seiner Umgebung so gut an, daß er meist übersehen wird und vor gedankenlosem Ausreißen bewahrt bleibt. Die runden, grünlichrosa Blättchen sind wie mit kleinen Stecknadeln besteckt. Diese klebrigen Blätter halten Insekten fest, die die Pflanze durch einen Saft verdaut. Zur Blütezeit ragen lange zierliche Stengel mit kleinen weißen Blütchen aus den Blattrosetten empor.

Eine andere fleischfressende Pflanze, die Utricularia vulgaris, der Wasserschlauch, wächst im Wasser, in Sümpfen, Gräben und stehenden Gewässern. Ohne Wurzeln lebt sie untergetaucht mit ihren gefiederten, vielteiligen Blättern, nur die schöne, große, kräftiggelbe Lippenblüte auf schlankem Stengel schaut hoch über den Wasserspiegel hinaus. Im Winter bildet sie sogenannte „Winterknospen", in denen sie überwintert. Auch bei ihr sind die Blätter die Fangorgane. Ihre Zipfel tragen kleine Blasen, die die Tiere wie Fallen einfangen und verdauen.

Wir brauchen also gar nicht erst in den tropischen Urwald zu gehen, um Pflanzen kennenzulernen, die „Tiere fressen" können. Auch unser heimischer „Urwald" bietet sie uns.

41

Kolbenbärlapp (Lycopodium clavatum)   *Meersenf (Cakile maritima)*

Es ließe sich noch unendlich vieles über die Pflanzenwelt sagen. Dieser Stoff füllt allein ein dickleibiges Buch. Eine Zusammenfassung des Wichtigsten wird uns aber demnächst Dr. Günther, Barth, in einer Veröffentlichung über den Naturlehrpfad im Darß schenken.

Wir führen nur noch die Pflanzen der Darßwelt auf, die das Naturschutzgesetz davor hüten soll, durch Unverstand völlig ausgerottet zu werden.

Geschützte und seltene Pflanzen im Naturschutzgebiet Darß sind nach dem Gesetzblatt vom 8. Juli 1955:

Vorfrühlingspflanzen in Wald und Wiese:

Schlüsselblume (Primula) alle Arten

Seidelbast (Daphne mezereum)

Leberblümchen (Anemone hepatica)

Maiglöckchen (Convallaria majalis)

Pflanzen der Triften:

Arnika, Bergwohlverleih (Arnica montana)

Lungenenzian (Gentiana pneumonanthe)

Strandpflanzen:

Meerkohl (Crambe maritima)

Stranddistel (Eryngium maritimum)

Sanddorn (Hippophae rhamnoides)

Immergrüne in Wald und Moor:

Bärlapp, Schlangenmoos (Lycopodium)

Sumpfporst, Mottenkraut (Ledum palustre)

Wintergrün, Birnkraut (Pirola, Chimaphila, Moneses, Ramischia)

Eibe (Taxus baccata)

Wacholder (Juniperus communis), aber Sammeln der Beeren ist erlaubt

Stechpalme, Hülse (Ilex aquifolium)

Farne:

Königsfarn (Osmunda regalis)

Straußfarn (Struthiopteris germanica)

Insektenfressende Pflanzen:

Sonnentau, alle Arten (Drosera). In Kreisen, in denen er häufig vorkommt, kann die Kreisnaturschutzverwaltung die Entnahme einzelner Pflanzen erlauben.

Fettkraut (Pinguicula)

Stranddistel (Eryngium maritimum)

Alle Orchideen

Knospen- und blütentragende Zweige der wildwachsenden Weiden (Salix)

Außer diesen Pflanzen sind unseres Schutzes bedürftig:

Weiße Seerose (Nymphaea alba)

Immortelle (Helichrysum arenarium)

Gelbe Schwertlinie (Iris pseudacorus)

Stechginster (Ulex europaeus)

Moosglöckchen (Linnaea borealis)

Weinrose (Rosa rubiginosa)

Dünenstiefmütterchen

Einen Teil dieser sowie auch andere Pflanzen zeigen wir in der botanischen Abteilung unseres Darßer Heimatmuseums, nicht gepreßt, sondern soweit es möglich ist, wie sie lebend in unserem Walde stehen.

Die Pflanzenwelt eines Lebensraumes bestimmt die Art der Tierwelt, die in ihm lebt. Unsere Nadel- und Laubwälder, Moore, Heideflächen, Seen, Kahlschläge bieten einer vielfältigen Tierwelt Unterschlupf. Von altersher war hier das Wild beheimatet. V. Wehrs erzählt: „Der Darß ist der einzige königliche Forst in Neuvorpom-

mern, aus welchem auf den bestimmten Tag, ich möchte sagen zur bestimmten Stunde, Wild geliefert werden kann."

Es ist auch noch nicht lange her, da war Schwarzwild in solcher Menge vorhanden, daß mitunter sieben bis acht Keiler über die Chaussee jagten. Die Erlenbrüche, in denen die Tiere sich wohlfühlten, waren besät mit aufgewühlten, zerscharrten Stellen. In den letzten Jahren nimmt das Wild wieder zu. Der Einheimische – vor allem der in Waldnähe wohnende – liebt das Wild allerdings nicht, weil es gern in seine Felder oder sogar Gärten kommt, sie zerwühlt und aberntet.

Reich war der Wald auch an Vögeln aller Arten. Die Singvögel scheinen jedoch in der letzten Zeit abgenommen zu haben, ohne daß wir uns über den Grund klar sind. Aber immer noch haben einige Fischadler ihre Horste im Darß, auch der Seeadler ist seiner alten Heimat treu geblieben. Der Seeadler ist unser größter einheimischer Raubvogel, er hat eine Flugbreite von 2 ½ Metern. Er horstet auf Bäumen, die nahe am Wasser stehen. – Der Fischadler mit einer Schwingenbreite von nur 1 ½ Metern baut seine Horste auf den höchsten Baumspitzen. Besonders der Seeadler wurde durch die Unvernunft der Menschen immer mehr verdrängt.

Eichelhäher erfüllen den Wald mit ihren grellen Schreien. In den letzten Jahren hat sich auch das Eichhörnchen eingefunden, das bisher dem Darß fehlte. Es lebt in Prerow in menschlicher Nähe, besuchte uns sogar mehrfach auf unserem großem Balkon.

Die giftige Kreuzotter kann verschiedene Grundfarben haben. Die dunkle Zickzacklinie auf ihrem Rücken läßt sich nicht immer erkennen, da auch schwarze Kreuzottern vorkommen, die man leicht mit der harmlosen Ringelnatter verwechseln kann. Deshalb soll man sich das augenfälligste Unterscheidungsmerkmal – den gelben Halbmond hinter dem Ohr der Ringelnatter – gut merken, um keinen Biß der Kreuzotter davonzutragen oder die gutartige Ringelnatter totzuschlagen, wie es vielfach geschieht. Es tut mir immer leid, wenn ich im frühen Sommer am Hauptwege zum Prerower Strande junge schlanke Nattern erschlagen liegen sehe, einer beschämenden Unkenntnis zum Opfer gefallen. Im Darßer Heimatmuseum kann man Ringelnattern und Kreuzottern sehen und genau kennenlernen.

Ein Tier unseres Waldes, dessen wir uns ganz besonders rühmen dürfen, wenn auch die Liebe zu ihm im umgekehrten Verhältnis zu seinem häufigen Auftreten steht, darf nicht vergessen werden, weil es uns oft die ganze Schönheit des Darß' vergällen kann, das ist die Mücke!

*

Auf größeren Landkarten vom Darßgebiet begegnet uns der Name Teerbrennersee und in Richtung nach Prerow Teerbrennerweg. Diese Namen weisen auf eine Verwertung der Kiefernstubben zur Teergewinnung hin, die schon zur Schwedenzeit im Darß betrieben worden ist. Teerbrennen war staatliches Monopol und wurde gegen Entrichtung einer Pachtsumme vergeben. Teeröfen haben an verschiedenen Stellen des Forstes gestanden; wegen der Feuersgefahr immer in Nähe einer der Waldseen, an denen der Darß früher reich war, die sogar nach den beliebten Karauschen befischt wurden, und als sie mehr und mehr verschilften, den Darßern das Rohr zum Decken ihrer Katen schenkten.

Von dieser alten Teerbrennerei sind nur noch die Flurnamen übriggeblieben. Sie halten die Erinnerung daran wach und mahnen uns zugleich daran, welche Bedeutung die Flurnamen für die Heimatforschung haben. Weitaus nicht alle alten Namen sind wie diese durch Kartenblätter erhalten geblieben. Viele liegen als noch ungehobene, vom Vergessen bedrohte Schätze im Gedächtnis alter Leute. Flurnamen sind wie Meilensteine auf dem Wege in die Vergangenheit, an denen man den Ablauf des wirtschaftlichen und gesellschaftlichen Lebens ablesen kann.

Die Teerbrennerei im Darß ist aber nicht die einzige industrielle Auswertung der „Nebenprodukte" seines Holzbestandes gewesen. Es gab seit dem Mittelalter auch schon eine bescheidene Harzgewinnung in unserem Wald. Allerdings wußte man früher mit dem Harz noch nicht viel anzufangen. Erst die Entwicklung der Industrie hat das Harz zu einem kostbaren, unentbehrlichen Rohstoff gemacht. Die Welterzeugung an Harzen ist heute nahezu der Kautschukproduktion gleichgestellt. Die Vereinigten Staaten wurden zum größten Ausfuhrland für Harz.

Jeder, der durch den Darß wandert, wird erstaunt stehen bleiben, wenn er plötzlich an Kiefernstämmen ein wunderliches Muster entdeckt; wie Fischgräten sieht es aus. Darunter hängen kleine tönerne Blumentöpfe. Mitunter trifft man auch eine Frau, die von Baum zu Baum geht, die Blumentöpfchen austauscht oder mit einem Werkzeug neue Grätenmuster in die Rinden ritzt. Und schaut man sich ein wenig um, kann man vielleicht von Kiefernzweigen bedeckt eine schwarze Tonne finden. Wir sind also an eine der Stellen gekommen, wo jetzt wieder das Harz gewonnen wird.

Harz besteht hauptsächlich aus Kolophonium und Terpentinöl. Der Kiefernrohbalsam weist etwa $^7/_{10}$ helles Kolophonium und $^2/_{10}$ Terpentinöl auf. Terpentinöl gehört zur Herstellung von synthetischem Kampfer, von Lacken und Farben und wird zur Pflege des Leders verwandt. Kolophonium gebraucht die Papierindustrie für Papierleim. Es dient ferner zur Herstellung von Druckfarben, Kunstgummi, Isoliermaterial für Kabel, Seifenwaren, technischen Fetten, Schusterpech, optischen Kitten, Siegellack, Mitteln zur Schädlingsbekämpfung, pharmazeutischen Produkten –, die Liste der Waren, für die Kolophonium unentbehrlich ist, wirkt ebenso überraschend wie ellenlang. Erst wenn man ein wenig an diese Materie herangeführt worden ist, kann man die Bedeutung der neuen Harzgewinnung erfassen, die jetzt unsere Regierung auf dem Darß ins Leben gerufen hat.

Der Hauptlieferant für diesen kostbaren Rohstoff ist die Kiefer, die allerdings mindestens 80 Jahre alt sein muß, ehe man ihr Harz entnehmen darf. In geringerem Maße werden auch Fichten entharzt. Bei uns auf dem Darß erfolgt die Harzgewinnung aber nur an Kiefern. Das Harz wird, wie wir es mit eigenen Augen fest-

stellen können, nur dem lebenden Baum abgezapft. Auch das hat natürlich, wie man gern auf dem Lande sagt, „seine Wissenschaft". In den Wintermonaten wird an den sorgsam ausgewählten Bäumen die Vorarbeit gemacht, das heißt, die grobe Borke wird vom Stamm entfernt. An den „geröteten" Stellen wird der Baum mit einem Schneidegerät 3 Millimeter tief grätenförmig angerissen. Sofort tritt der Rohbalsam in Tropfen heraus, die der unter den Gräten gefestigte Blumentopf aufzufangen hat. Der Inhalt der Töpfe wird an Ort und Stelle in Fässer gesammelt. Ein Baum kann, ohne daß seine Lebensfähigkeit bedroht wird, etwa 3 Jahre lang zum Harzen herangezogen werden. Das entharzte Holz trägt, wie die Harzgewinnungsstelle betont, keinen Schaden, keine Wertverminderung davon.

Mitunter kann man feststellen, daß die kleinen Sammeltöpfe vom Stamm abgerissen wurden und in Scherben auf dem Waldboden herumliegen. Man wundert sich über die Dummheit, die hier am Werke gewesen ist; denn den Sinn dieses Unternehmens müßte wohl jeder ohne besondere Belehrung und Erklärung einsehen können! Dagegen kann nicht ohne weiteres vorausgesetzt werden, daß jeder Mensch die vielen verschiedenen Pflanzen kennt, die Schutz genießen. Die Bekanntgabe der Pflanzennamen allein bringt uns kaum einen Schritt weiter. Man muß die Pflanze sozusagen persönlich kennenlernen. Hier ist eine große Erziehungsarbeit zu leisten, um die unsere Regierung heiß bemüht ist. Gewiß wird die Einführung des Heimatkundeunterrichts in allen unseren Schulen dabei behilflich sein. Gerade der Darß mit seiner unübersehbaren Zahl wandernder Naturfreunde und seiner vielfältigen Vegetation ist wie geschaffen, als „Lehrmaterial" für den Naturschutz zu dienen, und hat diese Aufgabe bereits mit zwei Naturlehrpfaden in Angriff genommen.

Ob nun der Darß seinen klangvollen alten Namen „Kronheide", der in frühen Schriften und Aufzeichnungen immer wieder gebraucht wird, von den „Kronsbeeren", den Preiselbeeren erhalten hat, die dort in großer Menge gefunden werden, oder ob er von der schwedischen Krone, zu der er so lange gehörte, an ihm haften blieb, läßt sich nicht mehr feststellen. Die Schwedische Matrikel spricht von Kronheide, nennt auch das Ahrenshooper Wäldchen Kronwald. Heidereiter ist der alte Ausdruck für Forstleute. Immerhin ist der Name Kronheide so klangvoll, daß er verdiente, wieder zu Ansehen zu kommen.

Strand und Tang

Wenn ich mit einer kleinen Gruppe unserer Museumsbesucher eine naturkundliche Strandwanderung mache, führe ich sie zuerst ein Stück nordwärts über den Bernsteinweg hinaus, wo Ruhe vor dem fröhlich lärmenden Badeleben herrscht. Wir schauen uns genau den Saum an, mit dem das Meer in den flachen Strand übergeht und Seegras, Blasentang, Algen, Muscheln und winzige Bernsteinstückchen zurückläßt.

Auf der breiten ebenen Strandfläche wachsen seltsame Pflanzen, vereinzelt die kleine Salzmiere (Honckenya peploides) mit eirunden, glatten Blättchen, das stachlige Salzkraut (Salsola kali), auch der Meersenf (Cakule maritima) mit seinen zartlila Blüten. Streckenweise, wodurch die Ablagerung von faulenden Pflanzenstoffen wie Seegras und Tang bei den Winterstürmen der Boden genügend Stickstoff aufgenommen hat, bildet die Melde große Wiesen, die vor allem im Herbst, wenn sie sich rot gefärbt haben, einen eigenartigen Reiz ausüben. Dahinter gibt die Düne mit ihren wogenden Strandhaferbüschen den Abschluß. Gelegentlich gucken Immortellen über die Dünenspitze oder Stiefmütterchen, die auf der dem Meer abgewandten Seite der Düne wachsen.

Zur Bepflanzung und Festigung der Dünen wird bei uns nur Strandhafer verwendet, weil er auch kalkarmen Boden vertragen kann. Er ist außerdem ein guter Sandfänger, bildet weitverzweigte Horste. Doch immer noch bleiben weiße Sandstellen dazwischen, da kaum Humusbildung eintritt. Die unscheinbaren Strandhaferhalme sollten mit Ehrfurcht betrachtet und behandelt werden. Sie sind nämlich durchaus nicht so zäh, wie es den Augenschein hat. Sie sind besonders empfindlich gegen jeglichen Druck und sterben leicht ab. Der Strandhafer gehört zu den wenigen Pflanzen, die als biologische Hilfen dem Küstenschutz dienen.

Sehr interessante Versuche zum Schutz von Meeresküsten werden jetzt auch mit einer anderen Pflanze gemacht, über die Prof. v. Bülow in seiner Schrift „Allgemeine Küstendynamik und Küstenschutz" berichtet. Es handelt sich um die Flechtbinse, mit der durch Dr. Käthe Seidel auf dem Holländischen Polderland und in

Schleswig-Holstein Erfahrungen gesammelt worden sind. Diese Pflanze, die Sturm und Eis zu widerstehen vermag, die humusbildend ist, also auch auf bescheidenstem Sandboden leben kann, als Flechtmaterial einen wirtschaftlichen Gewinn abwirft, wird vielleicht noch eine große Aufgabe bei unserem Küstenschutz übernehmen.

Schon im Dünental hinter der ersten Düne wachsen Krähenbeeren. Die Krähenbeere (Empetrum nigrum) ist ein Vorläufer und Wegbereiter des Kiefernwaldes. Ihre dichten, gedrungenen Pflanzen bringen Schutz vor Wind und zu starker Verdunstung. Daher finden die Keimlinge und jungen Pflanzen anspruchsvollerer Gewächse dort die Möglichkeit, sich zu entwickeln. Vor allem Kiefern, Wacholder, Eiben suchen Schutz. Der Habitus der Krähenbeere verändert sich stark mit dem Standort. In Strandnähe hinter der ersten Düne bildet er stämmige, kleine Sträucher mit niedrigeren, gedrungeneren Zweigen und dichter stehenden Blättern aus. Im Walde hingegen, im Windschutz, und bei besseren, feuchteren Böden wächst er lockerer, höher empor.

Aber noch bleiben wir am Meer. Sein Name „Ostsee" stammt von den Dänen. Sie nannten die See, die östlich von ihnen liegt, Ostsee; die westlich sich erstreckende Nordsee aber Westsee. Nur der erste Name ist erhalten geblieben.

Die Entstehung der Ostsee erfolgte wie die Entstehung des Darß' nach der Eiszeit. Nachdem das nordische Eis sich langsam zurückgezogen hatte, bildete sich im südlichen Ostseebecken der „Baltische Eissee" (18 000 v. d. Z. bis etwa 8 500), ein Süßwassersee, in dem sich die Schmelzwässer der abziehenden Gletscher sammelten. Allmählich ergab sich Verbindung zur Nordsee und zum nördlichen Eismeer; das „Yoldiameer" (nach der Muschel Yoldia arctica), ein Salzmeer, entstand 8 500 bis 8 000 v. d. Z.

Durch Rückzug des Eises und die Entlastung, die damit erfolgte, hob sich das skandinavische Festland. Die Verbindung mit den beiden Salzwassermeeren wurde aufgehoben, es kam zu einer Aussüßung des Wassers, die „Ancyluszeit" (Schnecke Ancylussee fluviatilis) von 8 000 bis 5 000 v. d. Z. setzte ein. Die Ancylussee war wesentlich kleiner als unsere Ostsee. Vielleicht bestand aber damals schon eine schmale Verbindung mit der Nordsee durch die Kadet-

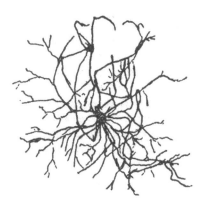

Algen: Nemalion multifidum (Wurmalge)

rinne. Das heute südliche Ostseeufer hat zur Ancyluszeit noch tief im Innern des Landes gelegen.

Um etwa 5000 v. d. Z. während der Litorinasenkung (oder Litorinatransgression), die auch der erste Anlaß zur Entstehung des Darß' ist, gewinnt das Meer an Ausdehnung, salziges Wasser strömt von der Nordsee herein, vertreibt die Süßwasserlebewesen der Ancyluszeit und führt die neue Zeit, die „Litorinazeit", herbei, die bis 2000 v. d. Z. angesetzt wird.

Allmählich wird das Ostseewasser brackiger, eine Entwicklung, die bis zu unserer Lebenszeit reicht. Die Klaffmuschel oder Sandmuschel (Mya arenaria) bildet das Leitfossil. Wir finden sie überall bei uns am Strande.

Die „Darßer Schwelle" zwischen Darßer Ort und Gjedser teilt die Ostsee in ein westliches und ein östliches Becken; die westliche und die Beltsee mit durchschnittlich 25 Metern Tiefe, die östliche mit größeren Tiefen. Die Darßer Schwelle ist 18 Meter tief. Die Beltsee hat einen stärkeren Salzgehalt, denn sie steht noch unter dem Einfluß der Nordsee und des Ozeans. Die eigentliche Ostsee hat einen geringeren Salzgehalt durch den Süßwasserzufluß. An der Oberfläche des Wassers nimmt der Salzgehalt von Westen nach Osten ab. In der Tiefe dagegen sind die Verhältnisse anders, weil das tiefere Wasser salzhaltiger bleibt, da es weniger in Bewegung gerät und der Zustrom des schweren salzhaltigen Wassers aus der Nord-

Algen: Delesseria sanguinea forma lanceolata (Rotalge)

see sich von unten einschleicht. In der Mitte der Darßer Schwelle hat sich eine tiefere Rinne eingegraben, die Kadetrinne, die etwa 60 Kilometer entfernt von der Darßer Küste liegt.

Gleich der Darßer Schwelle bildet auch die Kadetrinne eine einschneidende Grenze. Wie der Salzgehalt von Westen nach Osten abnimmt, wird auch die Anzahl der Lebensformen von Westen nach Osten geringer. In die Beltsee kommen noch Planktonarten mit dem einströmenden Nordseewasser in die Ostsee. Über die Darßer Schwelle aber wandern nur wenige, noch wenigere dringen bis ins Innere der eigentlichen Ostsee ein. Vor allem für eine große Anzahl von Algenarten ist die Darßer Schwelle eine scharfe Grenze. Die Kadetrinne schenkt jedoch dem Darß eine Vergünstigung. In ihrem salzigeren Wasser halten sich Organismen, die sonst nur westlich vorkommen; sie werden bei Stürmen ostwärts getrieben oder losgerissen und gelangen bis zu uns auf den Darß. Wir finden also bei uns oft Lebewesen, die es auf Rügen oder Hiddensee schon nicht mehr gibt. Dazu gehört ein winziger Schwamm, der wie ein kleiner Krater auf Blasentang sitzt und öfter auf dem Fischlande und am Weststrande gefunden wurde, aber weiter östlich nicht mehr. Besonders trifft das bei manchen Algenarten zu, die wir mit Vorliebe bei unseren Strandwanderungen suchen. Wir fischen rote und grüne Gewächse aus der See heraus, und jedes Mal kehrt die Frage wieder, ob das etwas anderes als Schmutz sein kann. „Schmutz" nennen die

Neulinge unsere schönen, zarten Gebilde des Meeres! Man kann sie jedoch leicht eines besseren belehren, schließt ihnen die Augen für diese reizvollen Meerespflanzen auf, erklärt ihre Eigenart und zeigt ihnen zuletzt die Algen in unserem Herbarium, vor dessen Blättern sie dann entzückt und aufgeschlossen stehen. Den Blasentang, der auch eine Alge ist, kennen die meisten. Sie wissen häufig, daß er in den dicken, festen Blasen Schwimmgürtel besitzt, die ihn schwebend halten. Einige haben vielleicht auch schon beobachtet, wie einzelne Blasentangbüschel an einem Stein festsitzen. Die alten haben nämlich keine Wurzeln, sie nehmen die Nahrung mit ihrer ganzen Körperoberfläche aus dem Meere in sich auf. Sie haben Haftorgane, mit denen sie sich an Steine, Felsen, Muscheln klammern. Sie können nur leben, wo sie einen Halt für ihre Haftorgane finden und sind daher besonders häufig an Buhnen und Bootsstegen zu finden. In großer Tiefe können sie nicht bestehen, weil sie Blattgrün (Chlorophyll) enthalten, mit dem sie ihre Nahrung verarbeiten, wozu jede Pflanze Sonnenlicht braucht. Im Heimatmuseum zeigen wir solch einen Stein, an dem ein Blasentangbüschel festgewachsen ist.

Wenn wir die Algen nicht an den Buhnen betrachten, sondern am Strande finden, wo das Meer sie ausgeworfen hat oder sie noch in der Küstenzone schwimmen, bekommen wir nur abgerissene Stücke in die Hand. Aber auch da schon können wir ihre Zartheit, ihren Formenreichtum bewundern. Der grüne Farbstoff ist, außer bei den Grünalgen, von anderen Farbstoffen verdeckt, nach denen sie ihren Namen haben: Rotalgen, Braunalgen, Blaualgen. Es ist eine seltsame Gesellschaft, diese Algen. Eindeutig können wir das erst im Ozean erkennen, wo sie die wohl kleinsten und zugleich größten pflanzlichen Lebewesen von mehreren Metern Länge darstellen. Sie gehören wie die Moose und Farne zu den Sporenpflanzen, pflanzen sich also durch Sporen fort. Oder man zählt sie auch zu den Tallophyten oder Lagerpflanzen wie die Pilze und Bakterien, weil ihr Körper nicht in Stamm, Blatt und Wurzel gegliedert ist. Der verhältnismäßig einfache Bau der Algen deutet darauf hin, daß sie auf ein hohes Alter zurücksehen, also schon lange auf der Erde leben. Sie sind tatsächlich die ältesten uns bekannten fossilen Pflanzen. Sie kamen schon im Praekambrium, Kambrium und Si-

lur vor, also vor 400 bis 600 Millionen Jahren. Bei ihrer Zierlich-
keit sind lange nicht alle Formen erhalten geblieben. Aber wir sind
zufrieden, daß wir uns aus den Resten oder Teilen von Resten noch
ein Bild der damaligen Algenwelt rekonstruieren können. Ich erin-
nere dabei an die Kieselalgen (Diatomeen), die sich durch ihr Kie-
selskelett leichter bewahrt haben und in der Triaszeit Erdschich-
ten von mehreren hundert Metern Mächtigkeit gebildet haben.

An unserem Strande finden wir besonders häufig den schon genannten Blasentang; am Ende der gabelig geteilten Lappen sitzen
die männlichen und weiblichen Fortpflanzungsorgane in körneli-
gen Auswölbungen. Der Blasentang wird bei uns gesammelt und
zur Jodgewinnung verwendet. Der weniger häufige Sägetang (Fu-
cus serratus) hat auf der Thallusfläche kleine Borstenbündel. Er
hat keine Schwimmblasen, sein Laub hat scharf gesägte Ränder.
In manchen Gegenden, wie in der Normandie, werden die Braun-
tange, die dort in großen Mengen aufgetreten, auf die Äcker geschafft und zum Düngen gebraucht. In fernen Meeren wird aus
Tangarten Agar-Agar gewonnen, das zur Gallertherstellung dient.
Dieser „Schmutz" kann also zu großer Bedeutung gelangen; auch
das Gewächs des Meeres darf nicht verachtet werden.

Nun aber wieder zu unserer Küste zurück. Eine andere Rotalge,
die Wurmalge (Nemalion multifidum), streckt von den Steinbuh-
nen zwischen Prerow und Zingst aus zahlreiche dünne rote oder
dunkelbraune Arme erwartungsvoll ins Wasser. Sie hängt zu vielen Exemplaren fest auf den Steinen. Auch Grünalgen sitzen auf
diesen Buhnen. Die Cladophora wedelt mit ihren pinselförmigen

Büscheln darauf. Der Darmtang (Enteromorpha compressa) wird ebenfalls oft am Strande gefunden, manchmal sogar noch mit einem Stein angespült, ebenfalls die Enteromorphia Linza mit ihrem breiten Thallus. Der Gabeltang (Furcellaria fastigiata) sieht wie die abgegessenen Stiele einer Weintraube aus, dunkelbraun bis schwarz.

Unsere Algen sind ein umfassendes, selbständiges Wissensgebiet mit vielen interessanten Problemen. Allein ihr verschiedenes Vorkommen in den einzelnen Tiefenschichten des Wassers ist von Bedeutung. Die Grünalgen leben in den oberen Schichten, die Rotalgen in den tiefen, die braunen in der Mitte, abhängig von Lichtquantität und -qualität.

Außer dem Blasentang wird bei Nordstürmen noch eine andere Pflanze in Mengen an den Strand geworfen. Es ist eine der wenigen Blütenpflanzen unserer Zonen, die im Meer wächst, ein Laichkrautgewächs: das Seegras (Zostera marina und Zostera nana). Es trägt seinen Namen mit Recht; denn es sieht tatsächlich wie Gras aus und wächst auf dem Meeresgrunde mit echten Wurzeln, bildet dort große unterseeische Wiesen. Es wird bei Stürmen abgerissen und an den Strand gespült, mitunter in meterhohen Anhäufungen. Genauso wie der Blasentang wird es freudig begrüßt, weil es Nutzen bringt; es wird zusammengeharkt, hinter den Dünen getrocknet, damit es nicht vom Winde fortgetragen wird, und zu Matratzen- und Kissenfüllungen verarbeitet. Schon 1816 hatte der dänische Justizrat Lehmann das Seegras als Polstermaterial empfohlen. Jetzt ist es zum Ersatz für Roßhaar geworden, das früher ausschließlich verwendet wurde. In Baltimore gibt es ein Seegraspflaster, das sehr beliebt ist, weil es geräuschlos ist. Das Seegras wird dazu zu Würfeln gepreßt, mit Tang vermischt und in kochendes Pech getaucht.

Von Tieren beachteten wir schon die Sandmuschel (Mya arenaria), nach der unsere erdgeschichtliche Gegenwart heißt. Im Seegras des Spülsaums finden wir ganze Knäuel der Miesmuschel (Mytilus edulis), die dunkel gefärbt ist. Sie kann gegessen werden und wird in manchen Gegenden sogar gezüchtet. Die Herzmuschel (Cardium edule), die ihren Namen von ihrer Form erhalten hat, ist gewiß jedem bekannt. Als vierte schließt sich die kleine, harte, hellgetönte Platt- oder Tellmuschel (Tellina baltica) an. Alle Muscheln nehmen an Stärke und Größe der Schalen mit dem Salzgehalt des Meeres ab. Die gleichen Muscheln sind an der Nordsee mit festeren Schalen versehen, die sich nicht so leicht zerdrücken lassen wie bei uns. In Wyk auf Föhr ist der Weg vom Hafen zum Südstrand statt mit Kies mit Muscheln bestreut, die sich nicht kleintreten lassen.

Auch die Seepocken (Balanus crenatus), die Häuser kleiner Krebse, die sich gern auf Miesmuscheln ansiedeln wie auf Steinen, Buhnen, Bootsstegen, sind bei uns kleiner und weicher. Wie winzige Krater strecken sie ihre Häuschen empor. Die Strandschnekke (Litorina litorea), die wir bei der Litorinazeit kennengelernt haben, finden wir häufig an manchen Stellen nördlich des Bernsteinweges. Die Wellhornschnecke (Buccinum undatum) hingegen ist eine Bewohnerin der westlichen Ostsee, kommt eigentlich nur bis zur Kadetrinne vor, verirrt sich jedoch mitunter zu uns an den Weststrand, wo manchmal Eierballen gefunden werden, die in Klumpen an Steinen, Muschelschalen oder auf Krabben angeklebt werden. Am Blasentang finden wir häufig scheinbare Schneckenhäuser, kleine weiße Gebilde, die die Wohnungen des Posthörnchenröhrenwurms (Spirorbis carinatus) sind. Der Fischerwurm (Arenicola marina) hingegen gräbt sich im Sande ein und hinterläßt eine u-förmige Röhre. Er nimmt mit dem Sande Nahrungsteile in seinem Körper auf, den unverdaulichen Sand aber läßt er in kleinen geschlängelten Häufchen zurück. Der Fischerwurm, der auch Köderwurm genannt wird, erfüllt auf dem Meeresgrunde ungefähr dieselbe Aufgabe wie der Regenwurm auf dem festen Lande.

Wie die Algen kaum beachtet werden, werden auch die Quallen zum mindesten scheel angesehen und können unseren Gästen die Freude am Baden und Schwimmen verleiden. Sie sind keine Pflanzen, sondern Tiere, durchsichtige, märchenhaft schöne Lebewesen in zarten Farben. Am Strande angespült, sind sie unansehnliche Gallertklumpen, doch im Wasser überrascht ihre Schönheit. Manchmal treten sie im Sommer für kurze Zeit in großen Mengen auf, das Meer wird von ihnen wie bedeckt; nach wenigen Tagen schon haben sie uns wieder verlassen. Die am häufigsten vorkommende Ohrenqualle (Aurelia aurita) ist unschädlich, brennt nicht mit Nesselkapseln auf der Haut wie die Quallen der Nordsee, vor denen sich der Schwimmer zu hüten hat.

Im flachen Wasser wandert ein Junge in hohen Gummistiefeln auf und ab. Er ist beim Krabbenfang, zu dem er ein großes Netz mit einem Stiel benutzt. Unsere Ostseekrabben sind im Grunde keine Krabben, sondern Krebse, sie heißen Garnelen und sind um ein mehrfaches kleiner als die Strandkrabben, die man auch bei uns findet. Unsere kleinen „Krabben" werden von den Fischern als Köder verwendet, kommen aber auch, wenn nach dem Kochen ihre glashelle, durchsichtige Färbung in Rot übergegangen ist, in Majonnaise oder in Gelee als ein Leckerbissen auf unseren Tisch.

Vögel haben uns auf unserer Strandwanderung schon längere Zeit begleitet. Vor allem die Bachstelze (Montacilla alba), gleich uns zwischen den Algen des Spülsaums suchend. In der Luft folgen kreischend die Möwe: Lachmöwen und Sturmmöwen und weiter entfernt vom belebten Badestrand die scheuen großen Mantelmöwen mit ihren mattschwarzen „Mantel"-Flügeln. Die Unterscheidung der Möwenarten ist selbst für den Fachornithologen schwierig, weil die Möwen in der Jugend, in der Entwicklung, der Reife, im Alter, ja sogar zu den verschiedenen Jahreszeiten andere Färbung anneh-

Fischreiher

men. Seeregenpfeifer, die ihre Eier auf Steinchen und auf Bruch-
stücke von Muschelschalen legen, Strandläufer und die schwarz-
weiß-roten (schwarzweißer Körper, roter Schnabel und rote Beine)
Austernfischer kann man auch nur an ruhigeren Strandstellen beobachten, am besten am Weststrande. Dem Sandregenpfeifer ähnlich ist der etwas größere Alpenstrandläufer, der meist in Scharen
vorkommt. Wenn wir Glück haben, können wir vielleicht auch den
Fischadler sehen, wenn er in das Wasser nach seiner Beute taucht.
In früheren Zeiten horsteten viele Fischadler und auch Seeadler
auf dem Darß. Seit ihnen die Menschen nachstellen, haben sie sich
mehr und mehr vom Darß abgewandt. Nur der Seeadler (Haliae-
tus albicilla) bleibt seinem Horste treu, ebenso wie seiner Lebens-
gefährtin. Am liebsten wählt er sich seinen Wohnsitz nahe dem
Meere, wo er gern jagt, mitunter aber auch Beutezüge ins Land un-
ternimmt. Er ist der größte einheimische Vogel, er ist der wahre
Herrscher des Darß' und Zingst.

Und hier hält man ein wenig in seinem Bericht über die Mannigfaltigkeit des Lebens an, das vom Strande aus zu beobachten
ist. Nicht, um geizig die Schatzkammern seiner Heimat zu bewahren, sondern aus Sorge darum, daß sie von unkundigen Händen ausgeraubt werden könnten, ihres kostbaren Besitzes verlustig
gehen. Die Adlerhorste auf dem Darß wurden durch Bücher und
Artikel zu „sensationell". Jeder mußte sie aufgespürt und gesehen
haben. Fachphotographen und Liebhaber der Lichtbildkunst haben sie umlauert, als ging es darum, einen Filmstar vor die Linse
zu bringen. Der Adler hat für Popularität gar keinen Sinn. Darum

bitten wir alle, die zu uns kommen, seine Zurückgezogenheit zu achten, damit unserer Heimat diese letzten Könige der Luft nicht auch noch verlorengehen.

Im Winter, wenn unsere Gäste uns lange verlassen haben und nur in ihren wenigen Stunden der Muße an uns denken dürfen, kommen viele Vögel auf der Durchreise nach wärmeren Ländern zu uns. Besonders bei plötzlichem Einbruch der Kälte und Nordstürmen fliegen die nordischen Vögel über den Darß hinweg südwärts. Oft jagt sie der Sturm über die See. Manchmal sitzen ganze Scharen erschöpft auf den Tang- und Seegrashaufen am Strande und suchen Nahrung, so hungrig und müde geworden, daß sie uns Menschen gar nicht beachten. Vielleicht kommen sie aus Gegenden, wo sie noch keine Furcht vor Menschen kennengelernt haben. Leider müssen sie ihre Furchtlosigkeit oft mit dem Leben büßen; vor allem die Enten werden nachts, wenn sie ahnungslos am Strande schlafen, aufgelesen oder „gestochen" und aufgegessen.

Im Winter 1954 besuchten uns besonders viele wilde Schwäne auf der See. Sonst sehen wir sie meist nur auf dem Bodden, wenn wir über die Bresewitzer Brücke fahren und den Blick westwärts über Bliesenrade schweifen lassen. Aber im Januar 1954, als uns eine plötzliche Kältewelle überraschte, so daß der Bodden innerhalb weniger Tage zugefroren war, fanden die Schwäne dort keine Nahrung mehr und flogen zur See. So nahe, daß man sie mit bloßen Auge noch gut erkennen konnte, standen sie in einzelnen Scharen zu 50 bis 80 Stück beisammen und säumten die weiter hinaus liegenden Eisschollen ein! Weniger scheu waren die einzelnen Eisenten, die zwischen den nahen Eisschollen herumschwammen, ja sogar dicht vor uns auf dem Sande saßen. Oft sehen wir auch die großen schwarzgrünen Kormorane auf Pfählen sitzen, wo sie nach Fischen tauchen. – Allen, die am Vogelleben ihre Freude haben, möchten wir wünschen, auch an solchem Wintertagen Gast auf dem Darß und Zingst zu sein.

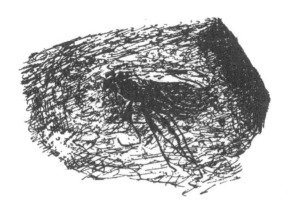

Bernstein

In den „Antiquitates Pommeraniae" oder den sechs Büchern vom alten Pommernlande singt Johannes Micraelius einen Lobpreis auf den Bernstein, unser Gold der Ostsee!

„Weil aber die Natur unsere nächsten Nachbarn am Preußischen Strande, auch zum Theil uns Pommern, mit einem herrlichen wunderlichen Segen des Bern- und Agtsteins begabet, den die Griechen und Lateiner, wie auch die Morgenländer dem Golde, wo nicht vorgezogen, doch gleich, oder ja in sehr hohem Preise gehalten; also hat diese Landschaft nicht können lange verschwiegen bleiben. Denn die ihn gefunden, haben ihn also fort verführet, und Geld daraus gemacht. Große Herren, so ihn gekaufft, und Naturkündiger, so ihn gesehen, haben zweifelsohne sich über die wunderbare Schönheit und vielfältige Krafft des Bernsteins verwundert, und emsig nachgeförschet, an welchem Orte solch ein Geschöpffe gefunden würde, was für eine Gegend es wäre, was für Leute drinne wohneten, und was für ein Leben dieselben führeten."

Für den Transport des Bernsteins wurden soweit wie möglich die Wasserstraßen benutzt. Also Donau, Rhein, Weichsel. Die älteste Bernsteinstraße führt im Osten die Weichsel entlang. Später, besonders zur Hansezeit, wurde er von der ganzen westlichen Ostseeküste auf kleineren Nebenstraßen zum westlichen Handelsweg, den Rhein entlang, und anschließend zur Rhone gebracht und damit über Marseille zu den Mittelmeerländern.

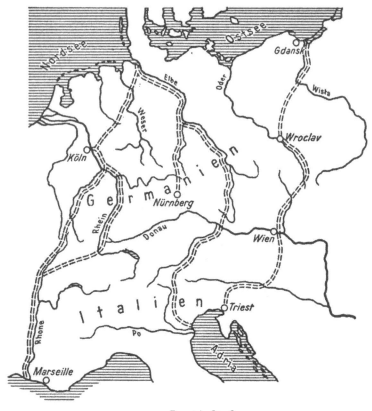

===== *Bernstein-Straßen*

Über die Entstehung des Bernsteins hat man sich von früh an Gedanken gemacht. Die Griechen nannten ihn „Sonnenstein", denn sie hielten ihn für „verdichtete Sonnenstrahlen". Die Germanen nannten ihn, weil er im Feuer hell aufflammt, „Brennender Stein", woraus Bernstein wurde. Man meinte auch, daß der Bernstein als schwefliges Feuer aus dem Himmel ins Meer gefallen und dort erkaltet wäre oder aus dem Erdinnern in das Meer quelle, vielleicht auch uralter Honig wilder Bienen sein.

Man nahm an, daß der Bernstein ständig neu entstehe. Man kannte die nördlichen Gebiete unserer Erde noch nicht und dachte, im unerforschten nördlichen Meere lägen Inseln, die mit großen Wäldern bedeckt wären, deren Bäume dieses Harz absonderten, das an die südlichen Küsten angeschwemmt würde.

Daß der Bernstein versteinertes Baumharz ist, wußten bereits einige Forscher des Altertums. Aber sie wußten noch nicht, was wir heute wissen: Daß der Bernstein nicht stetig neu gebildet wird, sondern vor etwa 60 Millionen Jahren im Tertiär, der Zeit, in der sich auch die Braunkohlen und die hohen Gebirge der Erde entwickelten, entstanden ist. Und zwar nicht irgendwo hoch im Norden, wie das Altertum annahm, sondern vermutlich dort, wo heute Südschweden liegt.

Dort wuchsen in der Tertiärzeit mit ihrem warmen feuchten Klima üppige Wälder. Fichten, Kiefern, aber auch Magnolienbäume, Lorbeerbäume standen in den Niederungen. Von dem besonders reichen Harz dieser Bäume stammt der Bernstein. Noch ist nicht völlig geklärt, wie es zu solchen Mengen von Harzabsonderungen kommen konnte, denn allein in dem Bergwerk Palmnicken wurden jährlich etwa 380 000 Kilogramm Bernstein gewonnen.

Es mag sein, daß jene Wälder mit ihrem tropisch üppigen Pflanzenwuchs krank gewesen sind oder ungeheure Stürme die Stämme umrissen und an diesen Stellen der Harzfluß besonders stark wurde. Auf jeden Fall legen die „Einschlüsse" in dem verhärteten Harz Zeugnis ab von den Lebewesen jener versunkenen Zeit, von denen wir sonst nur Abdrücke und Skelette besitzen und uns an Hand dieser Teile das Ganze rekonstruieren müssen. Der Bernstein umhüllt oft eine ganze Blüte, wie die einer Kamelie und die des Ilex. Er hat uns Insekten, ja sogar Spinnen, einen Floh, eine Ameise, die gerade eine Blattlaus gefangen hält, um sie zu melken, eine drei Zentimeter lange Eidechse aufbewahrt. Mehr als 650 Fliegen- und Mückenarten allein und Reste von fast 200 Pflanzenarten sind als Einschlüsse im Bernstein gefunden worden. Die Einschlüsse zeigen aber nur die Hohlräume, die die Lebewesen eingenommen hatten. Sie selbst sind aufgezehrt worden. Wir erhalten somit im Behälter des Bernsteins gleichsam einen Einblick in das Leben vorzeitlicher Wälder.

Die Vielfältigkeit der Farben, die der Bernstein vom hellen Gelb bis zum Goldbraun aufweist, die verschiedenen Grade seiner

Durchsichtigkeit von glasheller Klarheit bis zu den weißlichen Gebilden, die man auch Knochenbernstein nennt – kein Stück gleicht im Grunde dem anderen – geben diesem Geschenk der Ostsee einen besonderen Reiz. Der Handel, der immer auf Klassifizierung und Spezifizierung bedacht sein muß, unterscheidet nicht weniger als 240 Sorten.

Als die Wälder in Jahrtausenden langsam dahingesiecht waren und die Tertiärzeit durch die Eiszeit mit ihrem völlig andersartigen Klima abgelöst worden war, schoben die Gletscher die Massen der vermodernden Wälder wahrscheinlich südlich in die Gegend der heutigen Ostsee. Dort liegt auch der mitgeführte Bernstein vergraben, zugeschüttet.

Wenn das Meer bei Nordoststürmen aufgewühlt wird, löst er sich mit dem Seegras oder dem Tang, in die er verwickelt ist, los und wird mit ihnen zusammen an den Strand gespült, vielmehr geworfen. Dort können wir ihn als unerwartetes Geschenk des Meeres zu unseren Füßen finden. Wenn die Richtung des Windes Bernstein verheißt, gehen unsere Fischer in aller Frühe mit Taschenlampen auf die Bernsteinsuche. Im Winter 1952/53 wurde nach längeren Sturmtagen sogar so viel Bernstein an unseren Strand geworfen, daß die Bevölkerung mit Kartoffelhacken auszog und drei Tage lang die etwa 2 Meter hohen Seegras- und Tangberge durchwühlte, die das Meer am Küstensaum aufgetürmt hatte. Große Stücke wurden reichlich gefunden, darunter eines von einundhalb Pfund Gewicht.

Früher durfte jeder seinen Bernstein behalten. Man dachte bei seinem Besitz weniger an den Wert, der ihm als Schmuck zukommt. Man hielt ihn für heilkräftig, trug ihn als Amulett gegen Gefahr und Krankheit. Auch heute noch sehen manche Menschen im Bernstein ein Abwehrmittel gegen Rheuma. Er sollte sogar Blutungen stillen können. Da tatsächlich Blut in Bernsteingefäßen schwer gerinnt, wurden für Bluttransfusionen Gefäße aus Bernstein verwendet.

Martin Luther erhielt ein großes Bernsteinstück zur Heilung seines Steinleidens mit dem Wunsche, „daß dieser Stein den Bösen austreibe". Im „Ekkehard" wird Bernstein als Fiebermittel empfohlen. Im Germanischen Museum in Nürnberg gibt es ein Gemälde, das zeigt, wie Christus der leidenden Menschheit ein Stück „Börnstein" entgegenstreckt. Bei den Mohammedanern verlangt der Koran, ihr kirchliches Gesetzbuch, daß die Gebetschnüre aus Bernstein bestehen. In Tibet in Innerasien erhält ein Klumpen Bernstein göttliche Verehrung. Er wird also in vielen Ländern jeweils in anderer Weise geschätzt. Dann kam der Staat, meldete seine Ansprüche an und verlangte Abgabe der gefundenen Stücke. Er ließ sich nicht an den angeschwemmten Stücken genügen, soweit er ihrer habhaft werden konnte – wie wäre es wohl durchführbar, jeden glücklichen Finder gleich am Orte der Tat zu stellen –, sondern begann mit einer organisierten Bernsteingewinnung. Zuerst nur auf die Weise, in der man Krabben fischt. Man tauchte auch nach ihm. Schließlich kam es zu regelrechtem Bergbau am Strande, zuerst unter Tage und später auch zum Tagebau.

Auf dem Darß ist früher weit mehr Bernstein gefunden worden als heute. Unser Strand galt nächst der Stolper Gegend als der reichste Fundort des Bernsteins an der pommerschen Küste. Wehrs gab eine Erklärung dafür: „Ein im Meer entstandenes Sandriff, aber welches der Bernstein nicht leicht weggespült und an die Küsten getrieben werden kann, soll die Ursache des jetzt selteneren Vorkommens seyn."

Als Ersatz für den Rückgang der Bernsteinfunde hat sich das Darßgebiet immerhin eine „Bernsteininsel" zugelegt, die wie eine Sichel vor Darßer Ort liegt.

Auf den amtlichen Karten ist der Name dieser Insel erst seit kurzem eingetragen. Sie wurde nur als eine Sandbank angesehen. Doch schon in den zwanziger Jahren galt sie für unsere Gäste als ein Ausflugsziel. Den ganzen Sommer über fuhr regelmäßig ein Boot zu ihr hinaus.

Auf den ersten Bick gibt es dort eigentlich nicht viel mehr zu sehen als nur Land und Wasser, so weit das Auge reicht. Das mag der Anlaß dazu gewesen sein, daß der Bootseigentümer den Gästen ein wenig mehr zu bieten versuchte. Wenn eine Insel schon den Namen Bernsteininsel trägt, könnte man wohl mit Recht auch Anspruch auf Bernsteinfunde erheben! So soll er kleine Stücke Bernstein in seiner Hosentasche mitgenommen haben, ließ sie unbemerkt hier und da am Strande fallen und konnte durch die Beglückung der Finder sicher sein, jedesmal wieder sein Boot mit Gästen gefüllt zu sehen.

Wer aber die Bernsteininsel mit anderen Augen anzusehen vermag, weil er das Glück hat, seit Jahrzehnten die Natur des Darß' beobachten und ihre eigenen Wege verfolgen zu dürfen, dem schenkt sie Freuden und Erkenntnisse besonders verlockender Art. Hier kann man, wie an wenigen Stellen unserer Heimat, sogar Europas, sowohl die Entstehung von Neuland, wie auch die erste Besiedlung durch Pflanzen studieren.

Als ich im Jahre 1952 auf der Bernsteininsel war, sah ich bereits die erste Pflanzengesellschaft, die sich dort angesiedelt hatte, also die zweite Stufe der Entwicklung, die zuerst wie wahllos mit vereinzeltem Pflanzenwuchs beginnt. Diese Gesellschaft besteht aus Strandgras und Salzmiere. Die Strandgräser stellen sozusagen die Pioniere der Bewachsung dar. Es macht viel Freude, zu beobachten, wie sie ihr Wurzelwerk weithin ausbreiten, überallhin ihre Horste senden, die den Boden festigen und nicht nur den Sand, sondern auch die Feuchtigkeit binden, die anderen weniger genügsamen Pflanzen eine Lebensnotwendigkeit ist. Im Schutz der Gräser entwickelt sich nun die Honckenya peploides, die Salzmiere, und zwar so versteckt, daß sie gesucht werden muß.

Auch die Entstehung der ersten Dünen, der Primärdünen, ist auf der Bernsteininsel gut zu sehen. Hinter kleinen Seegrasballen bilden sie sich bereits. Rippelmarken, winzige Landzungen sind zu beobachten. So wird vor unseren Augen noch einmal im kleinsten Ausmaß die Entstehung von Land und seinem ersten pflanzlichen Leben vollzogen. Ist es nicht wahrhaft ein Glück, wenn die Natur ihr Geheimnis vor uns enthüllt und uns Zeugen und Zeitgenossen dieses ewigen Prozesses des Werdens zu sein erlaubt?

Strandung und Strandgut

Zwei berüchtigte Klippen für die Schiffahrt liegen vor unserer Küste: Darßer-Ort-Riff und die Prerowbank.

Darßer-Ort-Riff schließt sich unmittelbar an die Darßer-Ort-Spitze an, ist eine Neubildung, die durch Sandanschwemmung vom Weststrande laufend in nördlicher Richtung wächst.

Die Prerowbank, der Schrecken der Seeleute bei Nebel und Sturm, liegt ungefähr 800 Meter nordöstlich des Darß'. Sie erstreckt sich etwa 5 Kilometer lang von Nordwesten nach Südosten. Südlich ist sie ziemlich steil, nach Norden verjüngt sie sich keilförmig. Sie ist durchschnittlich 5 Meter tief, im Süden bleibt sie 3,5 Meter unter dem Meeresspiegel. Sie ist keine Neubildung wie das Darßer-Ort-Riff, sondern ein alter diluvialer Kern. Man hat in ihr mitunter ein Endglied der Barther Endmoräne gesehen. Auf jeden Fall war sie während der Litorinasenkung eine dem damaligen Festlande vorgelagerte Insel. Der Volksmund nennt sie „Trendel".

Wer dort badet, trifft manchmal auf Reste von Wracks, die unsere Küste geradezu säumen. Die meisten stammen von ausländischen Schiffen, die die gefährliche Stelle bei Darßer Ort nicht so gut wie die einheimischen Seeleute kannten. Viele Segler und Dampfer sind während der letzten 200 Jahre hier gestrandet.

Philipp Galen schildert in einem Roman „Nach zwanzig Jahren", der 1868 herauskam und noch jetzt von den Einheimischen gern gelesen wird, den unsere Seeleute fast alle kennen, die Strandung einer Brigg bei Darßer Ort. Wir erleben, wie der unheimlichen Windstille ein tückischer Nordost folgt, das Schiff den Kurs nicht mehr halten kann und der Darßer Küste zugetrieben wird. Das Leuchtfeuer bei Darßer Ort war zuerst bei dem rasenden Sturm übersehen worden, dann aber, weil es in keiner Seekarte eingezeichnet stand, verwechselt worden. Die Besatzung erkannte zu spät, in welcher hoffnungslosen Lage sie sich befand. „Ich hörte erst nichts als ein ungeheures Krachen und Brechen um mich her", so läßt der Verfasser einen der Schiffbrüchigen berichten, „dann lag ich der Länge nach auf dem Boden, und als ich mich wieder sammeln konnte und die Augen erhob, sah ich den Fockmast in der Mitte gebrochen im Wasser liegen, während der große Mast dicht über dem Deck wie ein dünner Baum zersplittert war, nur noch in seinen Tauen hing und in der See neben uns her schleppte. Das Schiff selbst aber lag auf Backbord, und alle auf Deck befindlichen schweren Gegenstände rollten wild polternd durcheinander hernieder und schlugen in die See mit einem Krachen und Toben, daß mir Hören und Sehen verging. Ja, es war kein Zweifel mehr, der Sturm hatte unser Schiff auf die Seite gelegt, alles nicht fest Angebundene mit sich genommen und so war auch das Langboot mit allen daran arbeitenden Männer fortgespült, die, ohne einen Laut von sich zu geben, in den schäumenden Wellen versanken."

Man darf nicht vergessen, daß die Schiffer zur Zeit der Segelschifffahrt bei der Navigation auf sehr bescheidene Hilfsmittel angewiesen waren. Sie besaßen nur einen Trockenkompaß, ein mit der Hand bedientes Lot. Seekarten waren oft nur im Austausch von Schiffer zu Schiffer zu bekommen und an Genauigkeit überhaupt

nicht mit den unseren zu vergleichen. Von der Möglichkeit, sich durch Funkspruch orientieren zu können – davon konnte ein Fahrensmann damals nicht einmal träumen!

Strandungen wie die von Galen beschriebene sind immer wieder vorgekommen. 1798 strandete ein schwedisches Schiff an der Darßer Küste, die Besatzung ertrank. 1798 in der Weihnachtsnacht lief ein 18 Lasten großes Schiff mit Heringen auf Grund bei Schneesturm und Kälte. Bergung war wegen des Eises unmöglich, später wurde der Schiffer Nättberg aus Karlskrona erfroren aufgefunden und in Prerow begraben. 1799 strandete am 8. November an der Westseite von Darßer Ort ein Stralsunder Schiff, dessen Besatzung aus 7 Zingstern bestand, die alle ertranken. 1804 sank ein englisches Schiff mit 7 Mann. 1831 strandete im November eine russische Galeasse auf dem Trendel, die Besatzung konnte gerettet werden. 1837 strandete die englische Brigg „Venus" mit dem Kapitän John Kennedy, die nach Riga unterwegs war. Im selben Jahre kenterte auch die Galeasse „Katharina Maria" aus Barth.

Nachdem 1848 der Leuchtturm bei Darßer Ort gebaut worden war, später in Prerow und auch in Zingst Rettungsstationen mit Rettungsbooten eingerichtet worden waren, verminderte sich die Zahl der Schiffsunfälle.

Immerhin strandete 1883 der Dampfer „Reval" an der Darßer-Ort-Spitze. Seine Ladung bestand aus Rentierhäuten, Getreide, Fasanen, Schneehühnern, Bärenschinken, Edelfischen. Alle Güter wurden mit Booten an Land geholt und mit Schlitten durch den Wald nach Prerow gebracht. So erzählt der alte Kapitän Johann Niemann aus Prerow, ein Augenzeuge.

1910 strandete die finnische Bark „Adelar" auf der Prerowbank. Das Holz, das die Ladung ausmachte, wurde an den Strand gespült, nachdem das Schiff völlig zerschellt war. Kapitän Niemann bemerkt dazu: „So mancher konnte sich nun das so lange gewünschte eigene Haus bauen." 1921 wurde der Frachter „Falkland" bei Darßer Ort vernichtet. 1931 strandete der Dampfer „Helene" aus Kiel mit Kapitän Möller am Weststrande, von dem ich aus eigenem Erleben erzählen kann:

Der bewegte Sommer mit seinem Badetrubel lag lange hinter uns. Unvergleichlich stille Tage und ebenso einsame, stille Nächte waren einander gefolgt.

Wir hatten in unserem Haus am Deich mit den Kindern den Weihnachtsabend gefeiert, alles war zur Ruhe gegangen. Plötzlich schraken wir hoch. Wir hörten, daß eine Kette von Radfahrern den Deich entlangsauste, und stürzten ans Fenster. Alles war dunkel draußen. Kein Radler hatte Licht.

Jetzt rasselten Fuhrwerke von Süden heran. Pferdegetrappel ... mitten in der Nacht! Was war geschehen? Ein Schiff war westlich von Darßer Ort gestrandet!

Dieser Dampfer „Helene" sollte noch lange Zeit die Sensation von Prerow sein. Er hatte vornehmlich Margarine geladen. Nun trieben die vollen Kisten an Land. Am Strande standen die Darßer in ihren Gummistiefeln im Wasser und schlugen ein Loch in jede Kiste, ehe sie sie bargen. Ein Loch? Ja, denn nur beschädigte Ware wird als Strandgut anerkannt, unbeschädigte Kisten gehören dem

Staate. Für den blieb allerdings nicht mehr viel übrig; denn als die ersten Zollbeamten herankamen, war das meiste schon geborgen …

Für die Badegäste sollen nach dieser reichen Beute zwei Jahre lang alle Mahlzeiten mit „Helenenbutter" gekocht worden sein.

Auch Fässer mit Wein waren angetrieben worden. Die wurden an Ort und Stelle gleich hinter der ersten Düne aufgemacht. Natürlich nur, um auch als Strandgut anerkannt zu werden … Nun – jedenfalls brachte der Weingenuß viele um ihre dem Meere entrissenen Margarinekisten, die sie hinter Büschen verstaut hatten; andere konnten sie heimschaffen, ohne selbst auch nur einen einzigen Schritt ins Wasser getan zu haben.

Eine der vielen Strandungen aus früher Zeit lebt heute noch in der Erinnerung der alten Zingster. Sie ereignete sich am 12. Mai 1867 bei wunderbarstem Sonnenschein und Frühlingswetter.

Es war damals üblich, daß Schiffe, deren Besatzung aus Darßern oder Zingstern bestand, bei günstiger Witterung gern für kurze Zeit vor unserer Küste ankerten, damit die Seeleute ihre Angehörigen besuchen oder für einige Stunden an Bord holen konnten. So geschah es auch an jenem Frühlingstage.

Das Schiff des Kapitäns Weidemann ging in der Nähe von Zingst vor Anker, der Kapitän setzte mit einem Teil seiner Mannschaft an Land. Sein neunzehnjähriger Sohn blieb an Bord und ließ sich von seiner vierzehnjährigen Schwester besuchen. Auch der Steuermann bekam auf dem Schiff Besuch von seiner Tante, einer Kapitänsfrau Kräft.

Als die Windstille plötzlich von starken Böen und dann einem harten Ostnordost abgelöst wurde, war es schon zu spät, die Frauen auf dem kleinen Boot an Land zu schaffen. Regen prasselte auf das Schiff nieder und verwandelte sich bald in Schneemassen, die alles verhüllten. Als die Nacht kam, wurde der Sturm zum Orkan.

Auf den Dünen durchlebten die Angehörigen bitterste Stunden. Sie wußten, welche Gefahr drohte, und konnten nicht helfen, mußten untätig zusehen.

Bei Tagesanbruch wurde sofort versucht, Hilfe zu bringen. Das Rettungsboot wurde ins Wasser gelassen, aber es kam gegen Sturm und Brandung nicht an. Das Schiff hatte sich inzwischen losgerissen und trieb auf die Riffe zu. Bis Mittag wurde die Rettungsaktion unermüdlich fortgesetzt, aber alles war umsonst. Kapitän Weidemann mußte an Land Zeuge davon sein, wie nachmittags zwischen 4 und 5 Uhr sein Schiff mit seinen Kindern an Bord zerschellte und die Wellen über ihm zusammenschlugen. Die Leichen trieben erst nach acht Tagen an, das junge Mädchen auf Hiddensee, die anderen bei Zingst. Sie wurden gemeinsam auf dem Kirchhof in Zingst begraben.

*

Die Darßer sollen – wie übrigens alle Küstenbewohner – echte „Seeräuber" gewesen sein; das sei heutzutage noch zu merken, wird oft scherzhaft gesagt. Merklinghaus erzählt folgende hübsche Geschichte davon:

Ein Darßer stirbt und kommt vor die Himmelstür und bittet um Einlaß. Petrus weist ihn zurück „weil dor keen Platz mehr is". „Wer is denn dor in?" fragte der Darßer. „Ha", sagt Petrus, „dat sind luuter Hiddenseesche, mit die is dat allwiel gor tau dull; ik weit nich, wur dat noch warden sall!" „O", meint der Darßer, „wenn dat wieder nicks is; mit die wei'k noch Bescheid; mack man die Dör'n bäten up!" Petrus, der keine Ahnung hat, was vor sich gehen soll, öffnet die Tür, und der andere schreit aus voller Lunge in den Himmel heinein: „Schipp up'n Strand! Schipp up'n Strand!" Un dat wir grad, as wenn ein mit'n riesern Bessen Utkihr hölt; dor bleew uk nich ein Hiddenseesch in'n Himmel, sei wullen all helpen. Der Darßer äwer hadd välen Platz un sett' sich dichting bi'n leiwen Gott sülwst up die Bänk.

Diese Geschichte nehmen auch die Fischländer und die Zingster für sich in Anspruch. Also muß sie ein allgemein gültiges Zeugnis für die Natur der seefahrenden Bevölkerung sein.

Wossidlo berichtet ebenfalls, daß den Darßern nachgesagt wird, sie seien große Strandräuber. „Up'n Darß salln de Preester früher bäd't hebben för'n gesägneten Strand. Eenmal ist Füer wäst. As oewer een ropen hett: Schipp an Strand! Sünd se all to Strand an lopen – un hebben dat Huus brennen laten."

„En oller Großvadder up'n Darß hatt soväl Gicht hatt – he hett goor nich mihr gahn kümmt. Oewer wenn Ordre kamen is: Schipp in'n Strand, den hett he lopen künnt aus'n Vagel. Seeröwers würden de Darßer ok nennt."

Rakete nach dem Abschuß

„Se hebben de Schäpen mit falsches Licht verlockt ... De Darßer hebben verkihrte Füer anbött un hebben 'n Pierd längs de Düün leid't mit de Lamp."

Andererseits aber sind die Darßer wieder bekannt dafür, daß sie sich mit Leib und Leben einsetzen, um Schiffbrüchige zu retten. Schon Friedrich von Suckow schreibt in seinen „Winterlichen Reisebildern vom Darß und Zingst":

„Die Männer von Prerow sind hinlänglich bekannt, denn wo im Amtsblatt oder in der „Sundine" von Rettungen armer Schiffbrüchiger die Rede ist, stehen sie und ihr Schulze gewiß obenan."

In unserer Kirche wird noch heute um Schutz vor Sturmflut und Rettung der Seeleute gebetet, nicht um Untergang der Schiffe und reiches Strandgut, wie immer wieder behauptet worden ist.

Im Jahre 1865 wurde die Gesellschaft zur Rettung Schiffbrüchiger ins Leben gerufen, die eine segensreiche Tätigkeit ausgeübt hat. Nur aus Spenden und Mitgliedsbeiträgen wurden die erheblichen Mittel aufgebracht, die die Anlage von Rettungsstationen an unserer ganzen Seeküste verschlangen, ihre Erhaltung und Verbesserung ununterbrochen forderten. Eine unermüdliche Werbung durch Druckschriften, Sparbüchsen in Form eines Rettungsbootes, Nadeln für die Mitglieder hielt das Interesse an diesem Werk der Nächstenliebe wach. Auch Prerow und Zingst erhielten Rettungseinrichtungen. In Prerow wurde eine Rettungsstation mit Boot und Raketenapparat errichtet. Der Raketenapparat kann allerdings bei uns nur selten eingesetzt werden. Die 8-Zentimeter-Rakete trägt die Leine bei günstigem Wind etwa 400 Meter hinaus, bei Gegenwind kaum mehr als 350 Meter, und die Strandungen erfolgen meist weiter entfernt von der Küste, so daß nur das Boot verwendet werden kann.

Unser Rettungsboot ist mit eingebauten Luftkästen versehen und hat 12 Mann Besatzung. Vom Rettungsschuppen hinter dem Deich führt ein Weg zum Strande, der nur diesem Boot vorbehalten bleibt, das auf einem Wagen zum Wasser gebracht wird. Regelmäßige Übungen der Mannschaft sind Pflicht jeder Rettungsstation.

Es gehörte zu den stärksten Eindrücken unserer Gäste, einer solchen Übung der Rettungsstation beigewohnt zu haben, die in die Hauptbadezeit gelegt wurde, um auch unter den Städtern Verständnis für ihre Aufgaben zu wecken.

Der Zingster Johannes Taap erzählt im „Heimatbüchlein für Barth und Kreis Franzburg", 1915, wie sich solch eine Übung abspielte.

Nach einführenden Worten des Vormanns der Rettungsstation wurde der Raketenapparat, dessen Räderachsen und Rollen stets gut geschmiert sind, nach dem Übungsmast gefahren. „Dieser befindet sich zwischen Deich und Düne und sieht genau wie ein gewöhnlicher Schiffsmast aus. Ungefähr in 300 Meter Entfernung davon wird das Schießgestell für die Rakete aufgestellt und zwar in einem Winkel von 25 Grad zur Erdoberfläche. In das Schießgestell wird die Rakete hineingelegt, an deren Stabe sich eine Kette befindet, die vorne aus dem Schießgestell heraushängt. An der Kette ist die Schießleine befestigt. Die Aufstellung des Schießgestells muß dem praktischen Ermessen des Vormanns überlassen bleiben, da das Fliegen der Rakete vom Winde abhängt und ihre Richtung leicht durch den Wind versetzt wird. Nun wird die Rakete abgefeuert, und die Raketenleine trifft in der Regel den Mast. Zwei Mann der Mannschaft steigen am Mast hinauf, holen vermittelst der Schießleine das Jölltau nach dem Mast herüber und machen es dort fest. Darauf wird durch die zurückgebliebenen Mannschaften die große Pferdeleine, auf die die große Rettungsboje gezogen ist, nach dem Mast gezogen. Nachdem die Pferdeleine mittelst einer Talje straff gemacht ist, wird die Hosenboje mit dem Jölltau nach dem Mast gezogen. Der Vormann hat sich vorher einen großen Bengel oder erwachsenen Jüngling ausgesucht, über dessen Anwesenheit in der Nähe des Übungsmastes schon allerlei Vermutungen aufgestellt sind. Er benimmt sich, als ob er die Hauptperson bei der Geschichte ist. Das ist er auch, er stellt nämlich den Schiffbrüchigen vor. Er steigt jetzt in die Hosenboje und wird unter Hurra der Jungen von den Mannschaften zurückgezogen. Als er wieder Boden unter den Füßen hat, macht er eine hübsche Verbeugung, dankt den Rettungsmannschaften und dem Vormann und geht dann mit der Sammelbüchse herum."

Von Prerow aus ist durch die Rettungsstation rund 150 Menschen in Seenot Hilfe geleistet worden. Mehr als die Hälfte von ihnen wurde unter Leitung des ehemaligen Kapitäns Johann Niemann gerettet, der noch, 87 jährig, in Prerow auf der Waldstraße lebt und mit unverminderter Gedächtniskraft von seinen Erlebnissen zu berichten weiß.

Trotz aller Bemühungen gelingt es aber nicht immer, zur rechten Zeit Hilfe zu bringen. Davon spricht das Grab auf dem Zingster Kirchhof, das drei Seeleute birgt.

Sie gehörten zur Besatzung des Stralsunder Rahschoners „Minna", der am 11. April 1912 gegen zwei Uhr nachmittags mit einem Ruderschaden durch Nordsturm bei Schneetreiben an der äußersten Spitze von Darßer Ort an den Strand geworfen wurde. Die Rettungsstation Prerow war sofort nach der Sichtung des Schif-

fes benachrichtigt und ihr Boot fertig gemacht worden. Weil die Strandungsstelle sehr weit ab lang und der Strand völlig überflutet war, so daß man das Boot durch den breiten Streifen seichten Wassers nicht hinausbringen konnte, mußte es durch den Wald gefahren werden.

Die drei Leute auf dem Wrack versuchten inzwischen, sich mit dem eigenen kleinen Boot zu retten. Dieses Boot kenterte sofort, alle gingen unter. Ihre Leichen wurden in Zingst angetrieben und dort begraben. Anker und Kette des Schiffes schmücken ihr Grab.

Sturmflut

Als wir im Winter 1952 in Prerow eine Erinnerungsstunde an die große Sturmflut vom 13./14. November 1872 begingen, zu der alle noch lebenden Darßer, die jene Tage als Kinder miterlebt hatten, eingeladen worden waren, zeigte sich im völlig überfüllten Saal des Zentralhotels eine Verbundenheit, die man nur in seltenen Augenblicken erleben kann. Wir sangen wie eine einzige große Familie unser Darßer Heimatlied, geeint in der Zugehörigkeit zu der gemeinsamen Heimat, dem „lütten, stillen Inselland", dem ewig bedrohten, zu dem es den Darßer unwiderstehlich hinzieht, obwohl er die weite Welt immer wieder sucht und braucht. Aus der Verbundenheit sprach aber auch die gemeinsame Angst, die Sorge vor dem, was uns hier ständig bedroht: Die Sturmflut.

Während die Namen der bei dieser letzten großen Sturmflut Gebliebenen verlesen wurden, herrschte eine feierliche Stille im Raum, als wären diese Menschen uns soeben erst entrissen worden. Uns allen stand ihr Schicksal deutlich vor Augen, denn jedem von uns kann es bestimmt sein, jeden Tag. Wir fühlten uns geeint auch in der Verpflichtung, zusammenzuhalten zum Schutz vor der ewigen Drohung der See, zusammengeschweißt, so wie es nur gemeinsame Gefahr tun kann.

Viele Sturmfluten haben den Darß im Laufe der Zeit verheert. Die erste Kunde davon, die uns zugänglich ist, geht an den Anfang des 14. Jahrhunderts zurück. Dort heißt es:

„Anno 1309 ist ein großer Sturmwind gewesen, der an der Ostsee allenthalben Kirchtürme und Häuser eingeworfen."

„Anno 1596", erzählt die Chronik vom Ende des 16. Jahrhunderts, „am Freitag, dem 23. Januar, ist in der Nacht eine große Wasserflut aus dem Norden entstanden und hat hier zu Barth, wie auch hin und wieder an der Seekante belegenen Städten, an Schiffen und Brücken großen Schaden getan … Diese Flut hat auch die Dünen am großen Strande dermaßen zerrissen, daß sie sich bis jetzt nicht wieder haben setzen können."

Erst der nächste Bericht geht auf Sturmfluten in unserer engsten Heimat ein: „Etwa 20 Jahre später, am 10. Februar 1625, stürmte die Ostsee wieder mit aller Macht gegen unsere Küsten … In Zingst wurde ein Haus mit 9 Personen gänzlich fortgerissen. Das sogenannte Straminker Tief entstand und bildete lange Jahre hindurch eine neue Verbindung der Ostsee mit dem Barther Bodden, bis es allmählich wieder versandete."

Die Halbinsel Darß hatte sich „völlig verwandelt". Vier Häuser, die damals auf dem Kirchenort standen, wurden vernichtet. Die Schwedische Matrikel von 1692 bis 1698 meldet:

„Vier Häuser jenseits des Flusses, wo die Kirche steht, sind in der großen Flut von 1625, die viele Pommerschen Orte überflutet hat, zerstört worden."

Micrael erzählt von dieser Katastrophe:

„Das baltisch-pommersche Meer … hat sich dermaßen durch einen Nord-Ostwind ergossen, daß dadurch nicht nur Greifswald, Stralsund und Wollin, sondern auch Wismar, Lübeck und andere

Orte, die längs am Meer liegen, großen Schaden an Häusern, Dämmen und Brücken erlitten haben, und die Schiffe an einigen Orten von den großen Fluthen aufgenommen, und auf die Wälle an den Städten, oder auf die Steindämme gebracht, und daselbst niedergesetzt sind, daß sie kaum mit größter Mühe nach abgelaufenem Wasser von dannen nach ihrem Orte konnten gebracht werden."

Unser Prerower Kirchenbuch führt die einzelnen Sturmflutjahre auf:

„1685 am 2., 3., 4. September – starken Nordwind und Hochwasser, so daß dem Dorfe der Untergang droht und die Dünen stark beschädigt werden;

1690 am 2. Dezember – dasselbe in verstärktem Maße;

1693 im Herbst Sturmflut wie 1685

1697 Hochwasser; die alte Kirche steht ½ Elle im Wasser;

1730 eine große Sturmflut, namentlich bei Zingst;

1742 nach Ostern – starker Nordost mit Schnee und Eis; ein Schiff mit 70 Lasten strandet;

1872 am 13. November – größte Sturmflut, denn es sind Menschenleben zu beklagen."

Die einsame Lage des Pfarrhauses ist bei Sturmfluten oft verhängnisvoll geworden, so 1693, als es überaus bedrohlich für die Pfarre aussah. Bei dem Hochwasser von 1697 strandete hinter der Hohen Düne bei Pramort ein dänischer Segler, nach dem noch jetzt diese Stelle die „Dänenkuhle" genannt wird. Dann wurde uns längere Zeit Ruhe geschenkt bis auf Hochwasser, das nur geringen Schaden anrichtete.

In der Erinnerung der Alten lebt noch die „große Sturmflut" von 1872 fort. Sieben Menschen kamen allein in Prerow um. Das Wasser stand tief im Dorf. Fahrzeuge, die im Hafen gelegen hatten, schwammen mitten zwischen den Häusern.

Wie war es zu dieser Flut gekommen? Ein zeitgenössischer Bericht schildert es uns:

„Stürmische Westwinde hatten den ganzen Oktober hindurch getobt und mit ungeheurer Wucht die Wassermassen aus der Nordsee in die Ostsee gedrängt, so daß trotzdem des herrschenden Westwindes der Wasserspiegel eine ungewöhnliche, regelwidrige Höhe zeigte. In Travemünde stand das Wasser am Pegel 4 Meter höher als in dem nur 30 Meilen entfernt liegenden Kopenhagen. Voller

Besorgnis schauten daher erfahrene Männer nach dem Winde, denn sie wußten, daß ein Sturm aus Nordost unserer Küste unermeßlichen Schaden zufügen würde. Am Sonntag, dem 10. November, begann es mit einer unheilverkündenden Stille. Jedoch merkte man bereits, daß die aufgestauten Wassermassen aus den östlichen Teilen der Ostsee anfingen zurückzufluten. Am Montag war das Wasser schon hoch gestiegen, aber noch herrschte Windstille. Am Dienstag, dem 12., kam vormittags der Ostwind auf, der in der Nacht zum Sturm wurde. Bei Pramort war der Deich schon gebrochen. In Zingst wurden die Dünen bis auf einen kleinen Rest weggerissen. Der Deich hielt noch lange stand, brach dann auch, und bald stand das ganze Dorf unter Wasser. In Zingst hatte am Morgen des 13. November gegen 7 Uhr das Wasser, nachdem es die Dünen weggewaschen hatte, den Binnenwall überstiegen und war ins Dorf gedrungen. Wie ein reißender Strom stürzte es zwischen die Häuser, sie bald von allen Seiten umspülend. Bald leckte es überall bis an die Haustüren, stieg höher und höher bis an die Fenster und suchte mit Gewalt einen Eingang in das trauliche Heim des Menschen."

In Prerow brach der Deich morgens um 4 Uhr. „In Prerow sah es ähnlich aus wie in Zingst. Zwar war die Kirche diesmal verschont geblieben, doch hatten Äcker, Wiesen und eine Anzahl Häuser arg gelitten. In der Prerower Bucht strandete eine Stralsunder Brigg. Ihre ganze Besatzung fand man nach der Flut als stille Schläfer am Strande und bettete sie neben den Einheimischen im Gottesacker. Der Gutspächter Horst auf der Insel Kirr verlor 200 Schafe, 40 Kühe und 2 Füllen. Schlimmer war, daß mit einem Katen 5 Menschen fortgespült und ertrunken waren." Das erzählt Paul Kosbadt in „Sturmfluten an der deutschen Ostseeküste" im Heimatbüchlein für Barth und Kreis Franzburg.

„1872 Sturmflut, die großen Schaden anrichtete, wobei ein Schiff strandete, und Menschenleben im Dorf verlorengingen. Zumeist alle im Prerower Strom liegenden Fahrzeuge waren zwischen den Häusern durchgeschwommen und standen mitten im Dorf; die Wiecker im Wald von Bliesenrade, die Zingster im Freesenbruch. Die Wände, Schornsteine und Öfen waren bei den meisten Häusern eingestürzt. Möbel, Ölgemälde usw. hingen in den Hecken und lagen auf dem Feld zerstreut umher."

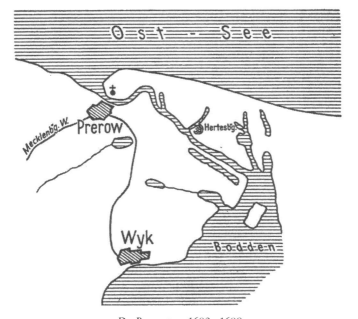

Der Prerowstrom 1692–1698
(nach der Schwedischen-Matrikel-Karte)

Die Holzbrücke über den Prerowstrom, die zur Kirche führte, war vom Wasser zerbrochen und in das Dorf getrieben worden. Außer der höher gelegenen Kirche, dem Pfarrhaus, dem Kirchhof und dem sogenannten „Berg" in Prerow, zu dem die „Bergstraße" vom Strande hinauffährt, stand ganz Prerow unter Wasser. Die Häuser sanken zusammen oder drohten einzustürzen. Fenster und Türen wurden herausgerissen, dann Möbelstücke, Uhren, Betten, Tische, Schränke fortgeschwemmt. Man fand sie später an irgendeinem anderen Ende des Dorfes wieder. In einem Hause wurde die Bodentreppe weggespült, als die Frauen sich auf den Boden retten wollten. Zwei Frauen und zwei Mädchen ertranken. In einem zusammengefallenen Hause ertrank ein Ehepaar mit drei Kindern. In der Nachbarschaft kam ein kleiner Junge um. Auf den Dünen strandete ein Dreimastschoner, dessen Besatzung außer dem Kapitän und dem Steuermann ertrank.

Als der Sturm nachließ und das Wasser zu sinken begann, versuchte man die Einwohner aus den gefährdetsten Grundstücken zu bergen. Das Dorf sah schlimm aus. An den Zäunen, auf Feldern lagen Bilder, Möbel, verendete Tiere. Zunächst wurden die Menschen in die höher gelegenen Häuser und die Steinhäuser gebracht. Lebensmittel und vor allem Trinkwasser kamen aus Barth und aus Stralsund; denn das Seewasser hatte die Brunnen für längere Zeit unbrauchbar gemacht. Der letzte unversehrte Brunnen auf dem „Berg" reichte nicht aus für das ganze Dorf.

Der Gemeindevorsteher hatte bis an die Brust im Wasser sitzend seines Amtes walten müssen. Folgenschwerer war es, daß nicht nur die Brunnen, sondern auch die Äcker für Jahre verdorben worden waren. Der alte Kapitän Johann Niemann aus Prerow, der die Sturmflut selbst miterlebt hat, erzählt, daß die Kartoffeln von dem Salzwasser, mit dem die Äcker gleichsam gedüngt worden waren, süß schmeckten wie erfrorene und kaum genießbar waren.

Bald nach dem Abklang der Flut wurden Ausbesserungen an den Deichen vorgenommen und Maßnahmen erwogen, ähnliche Katastrophen zu verhüten. Die bedrohten Ortschaften wurden völlig eingedeicht, die Durchbrüche des Prerowstroms 1874 zur See geschlossen, die Dünen erhöht und mit Strandhafer bepflanzt. In Prerow wurde anstelle der Brücke ein fester Damm gebaut.

1913 wurde die Eisenbahnbrücke zwischen Pruchten und Bresewitz durch die Flut unterspült und stürzte ein, glücklicherweise erst kurz nachdem der letzte Zug von Prerow nach Barth darüber hinweggefahren war.

Sturmfluten treten meist nur im Winter ein. Unsere Gäste lernen sie nicht kennen. Im Sommer liegt die See friedlich und harmlos vor ihren Augen da.

Ich schrieb: Im Sommer liegt die See friedlich und harmlos da. O nein, nicht immer! Kürzlich, am 13. September 1953, erwies sich, daß sie auch im Sommer – oder nennen wir es Herbst – durchaus nicht freundlich sein muß. Da hatte der scharfe Nordost Wellen aufgepeitscht und hieb sie hoch auf den Strand. Strandkörbe, die nicht rasch genug von ihren Besitzern an den Dünenfuß hinaufgezogen worden waren, standen bald unter Wasser; viel Seegras und Blasentang wurde angespült, keine anderen Algen. Die letzten Ba-

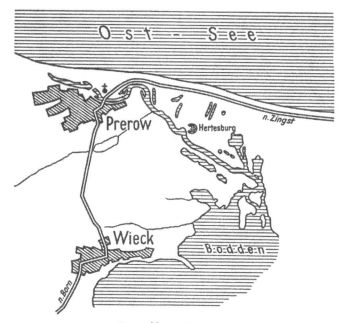

Der geschlossene Prerowstrom

degäste bekamen wenigstens einen Eindruck davon, wie die See im Winter aussehen kann; sie werden verstehen, weshalb wir immer wieder bitten: Schont die Dünen! Sie sind unser einziger Schutz! Wir sagen es nicht aus Nörgelei, aus Pedanterie. Wir sagen es nur, weil wir wissen, daß wir im Winter in höchster Gefahr schweben können, wenn die Dünen niedergetreten und dabei die mühsam eingesetzten Strandhaferpflanzen zerstört worden sind! Sturmfluten an unserer Küste sind nicht nur Abschnitte vergilbter Chroniken oder eine Mär aus dem Munde alter Leute. Das hat uns wieder das Jahr 1954 gelehrt, das schon bei seinem Antritt mit einer Sturmflut über uns kam.

Das Wasser stand zwar nicht so hoch, wie wir es manchmal in den letzten Jahren erlebt hatten, doch der Sturm gab ihm eine erhebliche Gewalt. Der Wind, der zuerst aus Nordwest geweht hatte, drehte auf Nordost, und zwar mit Windstärke 8 bis 10. Er peitschte das Wasser gegen die Dünen, schwemmte sie laufend ab, so daß

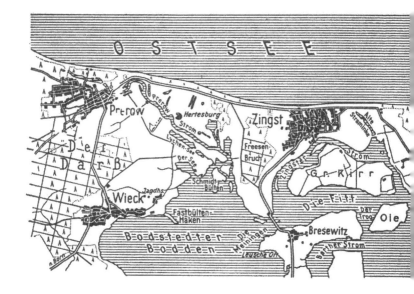

sie schließlich halbiert wurden, ein etwa 3 bis 5 Meter hoher Steilabhang geschaffen wurde und wir plötzlich eine Steilküste erhalten hatten. Man konnte kaum nach Norden zur See gelangen, der eisige Sturm stach wie mit Eisnadeln ins Gesicht. Bei Zingst sind durchschnittlich 10 Meter vom Dünengürtel abgerissen worden, bei Prerow etwa 6 bis 8 Meter.

Das Dorf Prerow selbst befand sich nicht in unmittelbarer Gefahr. Aber jeder war in Bereitschaft: Gemeindeverwaltung, Einwohnerschaft, Polizei, auch die Gäste des Eisenbahnerheimes.

Östlich von Prerow kurz vor der Hohen Düne liegt eine Senke im Dünenzug; dahinter eine baumbestandene Niederung, die zur Zingster Chaussee und zum Strom führt. Dort griff das Wasser besonders hart an. Immer wieder schlug es gegen den kleinen Wall und spülte Sand ab. Hätte der Sturm noch zwei, drei Stunden länger gewütet, wäre an dieser Stelle ein Durchbruch erfolgt. In kurzer Zeit hätte die Ostsee wieder den Prerowstrom erreicht – Zingst wäre erneut eine Insel geworden. Dem Strom wäre eine seiner alten Mündungen in die See zurückgegeben worden.

Zingst, das gefährdeter ist, erlitt erheblichen Schaden. Die Chaussee zwischen Pruchten und Bresewitz stand fast ganz unter

Wasser. Sie liegt tief und ungeschützt, gewährt Wind und Wasser ungehindert Zutritt, auch Schneeverwehungen ist sie am meisten ausgesetzt. In Pruchten mußten Häuser geräumt werden, weil das Wasser in ihren Kellern schon 80 Zentimeter hoch stand.

Auf dem Wege nach Ahrenshoop, kurz ehe man zum Vordarß kommt, war die See bis zu „Drei-Eichen" vorgedrungen. Sogar der Weststrand war von dieser Sturmflut in Mitleidenschaft gezogen worden, weil der Nordweststurm vorgearbeitet hatte. Von der südlichen Baumgruppe stehen nur noch eine Buche und zwei abgebrochene Stämme ohne Äste. Jetzt wird die noch südlicher gelegene Gruppe an der Reihe sein.

Das sind nur karge Tatsachen, die ihren vollen Ernst allein den Miterlebenden enthüllen können. Um so bitterer wurde unser Lachen, als wir in einer unserer Zeitungen lesen mußten: „Infolge der Überspülung des Bahndamms mußte die Eisenbahnstrecke Barth-Zingst gesperrt werden."

Gerade von solchen Stunden der Angst und Sorge dürfte man nicht vom grünen Tisch aus „sensationelle" Berichte schreiben. Wir besitzen keine Eisenbahnstrecke mehr. Nun liegt es an uns, den Gästen wahrheitsgetreu von dieser jüngsten Bedrohung unserer Heimat zu berichten und so überzeugend zu sein, daß sie aus eigenem Verantwortungsgefühl heraus unsere Dünen schonen. Denn Verbote und Strafen machen niemandem Freude.

Schiffahrt

Nach einer alten Überlieferung soll ein Teil der Darßer Bevölkerung englischer Abstammung sein. Man erzählt, englische Seeleute seien einmal mit einem Schiff am Darß gestrandet, die gerettete Besatzung habe sich in unseren Dörfern niedergelassen. Einige eigenartige Namen würden sich damit erklären lassen, wie beispielsweise Wallis und Prohn. Auch englische Vornamen wie Mary, Harry kommen heute häufig vor. Daß viele Darßer bevorzugt auf englischen Schiffen gefahren sind, wird ebenfalls gern mit dieser blutsmäßigen Verbindung zu England in Zusammenhang gebracht. Doch das ganz bestimmt zu Unrecht; denn wir wissen auch aus anderen Küstendörfern, wie Dändorf, daß in manchen Familien die Fahrt unter englischer Flagge geradezu Tradition gewesen ist. Auch die Frauen der Kapitäne lernten oft in der Heimat die englische Sprache und wurden gern nach London mitgenommen. Unsere Seemannsfrauen waren überhaupt in früheren Zeiten seebefahren, begleiteten ihre Männer auf Reisen im Mittelmeer, selbst nach Südamerika.

Ernst Moritz Arndt erzählt in seinen „Erinnerungen aus dem äußeren Leben":

„Auf der Halbinsel Dars und in den Dörfern auf den gegenüberliegenden Küsten wohnt ein schöner, kräftiger Menschenschlag, dessen Gewerbe in der Jugend gewöhnlich das kühne Element des Meeres ist. Als ich im Winter 1817 meinen alten Meister (Lehrer Dankwardt, der nun Pastor in Prerow war) zu Prerow auf dem Dars, wohin er von Bodenstede befördert war, zum letzten Male besuchte, stießen mich und meinen Bruder Karl zwei herrliche schlanke Männer mit langen, eisenbeschlagenen Stangen in fliegenden Schlitten über das spiegelglatte Eis hin, welches damals zwischen dem Festlande und der Insel eine Brücke geschlagen hatte. Beide trugen englische Ehrenmützen, hatten englisches Jahrgeld. Sie hatten auf der „Victory" des Admirals Nelson die Schlacht von Trafalgar mitgemacht. Der Schulze von Bodenstede, in dessen Haus ich mit dem Pastor mehrmals zu Tisch gesessen bin, war in seiner Jugend Steuermann eines Westindienfahrers gewesen."

Suckow, der Schriftleiter der alten Zeitschrift „Sundine", erzählt:

„... Überall war nur von ihrer Hantierung die Rede, und von einer Fahrt nach dem Ost oder West (Ost- oder Westindien) sprachen die kräftigen Gesellen so gleichgültig, wie wenn unsereins nach Rügen kutschiert."

Auch heute noch berichten die alten über achtzigjährigen Seeleute von ihren früheren Fahrten um die Welt. Rio, Indien, Kap Horn, Südafrika, – diese Orte sind ihnen so nahe, so selbstverständlich wie uns die nächsten Nachbarstädte.

Durch die Lage an der Ostsee war für die Bewohner des Darß' die Seefahrt als wichtigster Erwerbszweig gegeben. Es war selbstverständlich, daß jeder Junge zur See ging. Die Darßer sind auch von altersher als besonders tüchtige Seefahrer bekannt.

August v. Wehrs, der als Hauptmann in schwedischen Diensten auf den Darß geschickt worden war, um die Küste gegen feindliche Angriff von See aus zu verteidigen, schreibt 1819:

„Die Darßer und Zingster sind geborene Seeleute. Ihre Kühnheit und Gewandtheit auf dem Meere hat sich zu allen Zeiten bewährt, Darßer Matrosen waren sehr gesucht, weil man sie gewiß nirgends besser finden kann ... Sie scheuen sich nie, im offenen Segelboote

das Meer zu befahren. Ich weiß, daß sie bei stürmischem Wetter, selbst mitten im Winter, da alle pommerschen Binnengewässer fest zugefroren waren, in solchen schwachen Fahrzeugen nach Schweden und Dänemark übergegangen sind."

1807, nachdem die Schweden abgezogen waren, setzten sie manchen von den Franzosen verfolgten und mit dem Tode bedrohten Pommer nach Schweden über.

Wehrs erzählt weiter vom Darßbewohner:

„Er spürt keine Neigung in sich zu der friedlichen Beschäftigung des Ackerbaus und der Viehzucht. Das Meer mit dem Gebrause einer ewigen Harmonie hat es ihm angethan. Das Land, sein Land, sieht er nur als Absteigequartier an."

Durch ihre Liebe zur See wurde in früheren Zeiten die Bewirtschaftung des Landes in unseren Dörfern vernachlässigt. Sogar innerhalb der Ortschaften lagen große Teile des Bodens brach und waren von Gestrüpp und Dornengebüsch überwuchert. Dort verbargen sich um die Mitte des letzten Jahrhunderts gern die „Darßer Schmuggler", denen der Prerower Segebarth in seinem Roman sozusagen ein Denkmal gesetzt hat. Beim Schein von Laternen verhökerten die Schmuggler dort ihre gepaschten Waren.

Wie für alle geborenen Seeleute war auch für die Darßer die weite, die „große" Fahrt das Verlockendste. Wer auf große Fahrt

gehen konnte, sah gern auf die Küstenschiffer herab. Selbst Linien-
fahrt etwa in der Ostsee stand bei diesen Seeleuten nicht hoch im
Kurs. Noch kürzlich erzählte mir eine jetzt über 80jährige Prerowerin, ihrem Vater, einem Steuermann, sei ein Schiff mit regelmäßigen Fahrten zwischen Stettin und Memel angeboten worden.
Mit den Worten: „Ich bin doch kein Kutscher!" lehnte er höchst
empört ab.

In der ersten Zeit wurde vornehmlich Holz über den Bodden
nach Barth gefahren. Aber schon gegen Ende des 17. Jahrhunderts
segelten Zingster „Schuten" Holz nach Stralsund und nach Wismar. Einige Fahrzeuge wagten sich bereits über die Ostsee. Sie lie-
ferten Heringe nach Lübeck und nach Malmö. Meist wurden Holz
und Torf verfrachtet, und zwar mit Schiffen von 2 bis 3 Lasten
(1 Last gleich 2 t zu je 20 Ztr.). Das größte betrug damals 5 Lasten. 1699 besaß die Darßer Handelsflotte 13 Fahrzeuge. Acht dieser Schiffe gehörten nach Zingst, fünf nach Prerow. Später wurde
mit seetüchtigen Schiffen auch Holz nach Kopenhagen gefahren
und Getreide nach Schweden.

Wir sind im Besitz einiger Statistiken über die Zahl der Segler
in unseren Dörfern. In den Jahren 1725 bis 1783 wurden an eigenen Schiffen gezählt:

PREROW		ZINGST		BORN		WIECK	
Lastenzahl		Lastenzahl		Lastenzahl		Lastenzahl	
1725	8 1– 9	19	0,5–15	–		–	
1735	15 1–15	30	0,5–15	23	1– 3	27	1,5– 5
1745	14 1– 8	21	1– 5	21	1– 5	17	1– 5
1755	16 1–35	36	1–26	13	2–18	10	1–25
1765	11 1–38	29	1–66	14	1–26	15	1–50
1775	16 1–20	49	1–66	14	1–20	20	1–40
1783	17 1–95	93	1–90	6	1–94	18	1–93

Aus der zweiten Hälfte des letzten Jahrhunderts liegen Listen über
diejenigen Seeschiffe vor, die in den preußischen Ostseehäfen beheimatet waren. Sie geben uns ein lehrreiches Bild von dem Anteil, den unsere vier größeren Ortschaften an der Schiffahrt hatten.
Den genauen Bestand der Segler, die von unseren Darßer und Zing-

ster Kapitänen gefahren worden sind, kann man daraus allerdings nicht feststellen, da nur die kleineren Fahrzeuge in Winterlage vor den Dörfern ihrer Reeder und Schiffer kamen. Die großen Briggs und Barken dagegen mußten als Heimathafen Barth oder Stralsund nehmen, in deren Verzeichnissen sie nun mitgeführt worden sind. Immerhin sind auch die Angaben über die kleineren Seefahrzeuge unserer Heimat aufschlußreich. So besaß, um ein Beispiel zu geben, an kleineren Seeschiffen im Jahre 1864

Prerow	27 Jachten	4 Schaluppen	7 Schoner
Zingst	21 Jachten	4 Schaluppen	2 Schoner
Born	18 Jachten	2 Schaluppen	4 Schoner
Wieck	17 Jachten	4 Schaluppen	6 Schoner

Eine große Entwicklung hätte die Ortschaft Prerow genommen, wenn der Prerowstrom schiffbar erhalten worden wäre. Im 14. Jahrhundert und später benutzten die Barther den Prerowstrom als Schiffahrtsstraße zur Ostsee, und Prerow war Zollerhebungsstelle für den Seehandel. Anfang des 18. Jahrhunderts wandte sich die Barther Bürgerschaft an den Schwedenkönig mit dem Vorschlag, den Prerowstrom zu vertiefen und zu erweitern, um den Barther Seglern wieder eine Schiffahrtsstraße zur Ostsee zu schaffen. In diesem Projekt war Prerow als Hafen für Barth vorgesehen. Es wäre dem Dorf also eine ähnliche Rolle zugefallen, wie sie Warnemünde für Rostock ausfüllen dürfte.

Interessant ist ein Vergleich der Schiffahrt auf dem Darß und Zingst mit der benachbarten Schiffahrt auf dem Fischlande in jenen Jahrzehnten. Zur Fischländer Flotte, die im wesentlichen im Verband der Rostocker Handelsflotte aufging, haben vornehmlich größere, man darf wohl sagen, überseeische Schiffstypen gehört, wie Briggschiffe, Barken, vereinzelt auch Fregatten und Dreimastschoner. Das wertvolle Verzeichnis des Kapitäns Rahden über den Bestand der Rostocker Handelsflotte von etwa 1800 an bis zum ersten Weltkrieg führt innerhalb dieser langen Zeitspanne überhaupt nur vier Jachten an. Auf dem Darß und Zingst dagegen haben die kleinen Typen der Jachten und Schaluppen und bescheidenen Schoner den Löwenanteil an der Schiffahrt ausgemacht. Diese Unterschiedlichkeit ist wohl weniger wesensbedingt als durch die andersartige geographische Lage gegeben. Die Fischlandküste ent-

behrt jedes Hafenschutzes, während die Boddenkette in ihrer östlichen Ausdehnung geradezu ein ideales Wirkungsfeld und zahlreiche gute Liegeplätze für kleinere Segler bot.

Ein beträchtlicher Teil unserer Schiffe wurde auf heimischen Werften gebaut. Barth einschließlich Zingst bauten

1774	10 Schiffe
1775	7 Schiffe
1776	11 Schiffe
1777	15 Schiffe
1779	12 Schiffe
1780	12 Schiffe
1781	21 Schiffe
1782	24 Schiffe
1783	29 Schiffe

Das gab nicht nur den Seeleuten, sondern auch vielen anderen Menschen, den Schiffsbaumeistern, Segelmachern, Zimmerleuten und Taklern, Arbeit und Brot.

Noch 1870 bestanden in Zingst und Prerow je zwei, in Born und Wieck je eine Werft. Heute hat nur noch Wieck eine kleine Werft, die dem Bootsbauer Kraeft gehört, wo Fischerboote gebaut werden.

Ende des 18. Jahrhunderts begann für die Darßer die Nordsee-fahrt. Nach Holland wurde Getreide – vor allem Roggen – ge-bracht. Dafür Kaffee, Kakao, Gewürze, Porzellan, Tabak und Tee heimgeführt. Nach den nordischen Ländern, Dänemark und Nor-wegen, segelten sie mit Roggen, Hafer, Gerste, Flachs, Salz und Holz. Kauften dort Tücher, Teer, Tran, Wein, Rum ein. England bekam Bretter, Roggen, Gerste, Erbsen, Schreibfedern. Dafür nah-men die Darßer ihnen Bier, Butter, Weizenmehl, Porzellan und Steingut, Segeltuch und baumwollene Strümpfe ab. Schweden und Finnland erhielten Pferde, Gänse, Bohnen, Kartoffeln. Bier, Mes-sing, Eisendraht, Tran wurden auf der Heimreise mitgenommen. Vom Darß besonders wurden Mohrrüben, Holz, Sand, Fische ver-frachtet. Eine Zeitlang wurde auch „Eisenerde" von Wieck nach Torgelow gebracht, und zwar mit Jachten.

In jener Zeit – der großen Zeit der Segelschiffahrt – wurde der früher arme Darß reich. Die Häuser konnten stabiler und größer ausgebaut werden. Der ganze Lebensstandard hob sich. Die Klei-dung verbesserte sich. Ja, ein gewisser Luxus schlich sich ein. Was den Seeleuten draußen in der Fremde Eindruck gemacht hatte, brachten sie ihren Frauen und Töchtern mit. Die ließen mitunter eine Art eigener „Mode" daraus entstehen. So erzählt uns Wehrs vom Anfang des 19. Jahrhunderts lächelnd von der Vorliebe der Darßer für seidene Regenschirme, die ihnen so gut gefielen, daß sie sie auch bei strahlendem Sonnenschein mit sich führten, wenn sie sonntags spazieren oder in die Kirche gingen.

Wir wissen aus einer heute noch überaus lebendigen mündlichen Überlieferung, aus den sichtbaren Zeugen in Gestalt von Schiffs-bildern und Schiffsmodellen und aus den unvergessen gebliebenen Schicksalen einzelner Seefahrerfamilien, wie bedeutend der Einsatz der Darßer und Zingster, vor allem des jetzt so unscheinbar wir-kenden Boddendorfes Born an der großen Segelschiffahrt gewesen ist. Born besaß vor vielen anderen Seemannsdörfern den großen Vorzug, an seiner geschützten Boddenseite einen hervorragenden Ankerplatz für die Winterlage seiner Segler zu haben. Die Rüga-ner Schiffer, die in Breege beheimatet waren, das damals ein Schif-fersitz ersten Ranges war, mußten ihre Bucht, wohin die Segler in Winterlage kamen, mit Findlingsblöcken gegen die Packeisgefahr abschirmen. Die Fischländer Schiffer mußten ihre Fahrzeuge im Breitling bei Rostock zurücklassen oder gar in Wismar, falls der Tiefgang der Schiffe eine Fahrt bis Rostock nicht zuließ. Die Borner dagegen konnten ihre Schiffe zum Winter sozusagen vor dem Hause festmachen und stets unter Augen behalten. Auch das sogenannte Baggerloch bei Neuendorf war ein geeigneter Platz für den Winterschlaf der Jachten.

Die Fischländer Schiffahrt erhielt durch ihren Anschluß an die machtvolle Rostocker Handelsflotte, zu der die Fischländer zeitweise mehr als die Hälfte ihrer Fahrzeuge beisteuerten, den festen Rahmen und stand dadurch im hellen Licht historischer Würdigung. Die Schiffahrt der Darßer und Zingster in ihrer Gesamtheit ist noch ebenso wenig systematisch erfaßt und aufgezeichnet worden wie die der Rüganer, um die sich der Verfasser des Heimatbuches der Insel Rügen, Wolfgang Rudolph, seit Jahren bemüht.

Unsere Seeleute saßen ja gleichsam an der Quelle. Der Darß mit seinem unerschöpflichen Holzbestand und der im Vergleich zu den Werften Ribnitz und Damgarten so viel leichtere und kürzere Weg eines Neubaus nach Stralsund und von dort in die offene See hinaus, mußte zur Gründung von Werften geradezu herausfordern. Werften entstanden in allen unseren Ortschaften. Neben einer Werft in Krabbenort wurden auch am Prerowstrom Werften angelegt. Sogar mitten im Dorf Prerow baute man Schiffe, die zuerst einen „Landgang" hinter sich legen mußten, ehe sie ihr eigenes Lebenselement erreichen konnten. An dem „Kiel" oder „Kielreih" südöstlich von Krabbenort wurden Schiffe bis zu 400 Reg. Ton. gebaut, also ansehnliche Barken und Briggs. Diese Werft schloß schon 1859 ihre Tore. Das muß allerdings eine besondere Erklärung haben, denn gerade die fünfziger Jahre des vergangenen Jahrhunderts erlebten die größte Blüte unserer Segelschiffahrt. An Aufträgen kann es der Werft bei Krabbenort kaum gefehlt haben. Vielleicht hat die ständig verminderte Stromtiefe den Wassergang der Neubauten zu sehr erschwert.

Es berührt sehr eigen, daß fast gleichzeitig mit dem Einsetzen der Dampfschiffahrt die größten Hemmungen aus dem Wege geräumt wurden, mit denen unsere Ostseesegelschiffahrt so lange zu kämpfen gehabt hatte. Gerade als ihr jede Entfaltungsmöglichkeit offenstand, nahm die Dampfkraft ihr langsam aber unaufhaltsam den Wind aus den Segeln.

1849 wurde die englische Navigationsakte aufgehoben, die unter Cromwell erlassen worden war und rund 200 Jahre lang unseren Seglern alle Frachtfahrten aus englischen Kolonialgebieten nach englischen Häfen verbot. Waren durften nach England überhaupt nur auf Schiffen ihres Ursprungs- oder Herstellerlandes eingeführt werden. 1857 wurde nach mehr als 400 Jahren der dänische Sundzoll aufgehoben, der allen Helsingör passierenden Schiffen abgefordert worden war. Hemmend nicht nur wegen der Zollsätze, die ja keinem, der sie entrichten muß, Freude bereiten, sondern vor allem wegen der Kontrolle, die Dänemark durch seinen Zoll über die gesamten Schiffe ausüben konnte, die ihren Kurs durch den Sund richten mußten.

Dazu kam der Krimkrieg in den Jahren 1854–1856, in dem auch die Darßer und Zingster als Blockadebrecher für jede der kriegführenden Mächte, nämlich England, Frankreich und Rußland, zu den erhöhten Frachtsätzen fuhren. Alle setzten Schiffe und Mannschaften aufs Spiel, um sich an diesem Kriege zu bereichern.

Jene Segelschiffahrt beruhte auf einem System, für das mir ein Vergleich mit anderen Wirtschaftszweigen nicht gegenwärtig ist. Man nannte es die Partenreederei, eine Art Genossenschaft zum Bau und Betrieb eines Schiffes, zu der sich ein Kreis Menschen zusammenschloß, um sich in Gewinn und Verlust zu teilen. Wollte ein Schiffer – wie damals die Kapitäne genannt wurden – ein eigenes Schiff bauen lassen und seine Führung übernehmen, tat sich seine ganze Familie zur Beschaffung der Baukosten zusammen. Auch die am Schiffsbau selbst Beteiligten wurden als „Partenreeder" aufgenommen, so der Schiffbauer, die Zimmerleute, die Takler, die Lieferanten für den Proviant, die Segelmacher. Jeder schloß nach eigenem Vermögen etwas zu, erwarb ein oder mehrere „Parten", die auf einen bestimmten Bruchteil der Baukosten ausgestellt wurden, etwa $1/64$ oder $1/32$, auch $1/8$, je nachdem. Wurden die Baukosten höher als der Voranschlag – und wann oder wo wäre das nicht der Fall gewesen? – mußten die Partenreeder ihre Einlage entsprechend erhöhen. Nach dem Wert ihrer Parten nahmen sie an den Gewinnen teil, auch an den Verlusten, die durch Havarie oder schlechte

Frachtmarktlage entstanden. Als nun die Baukosten immer mehr stiegen, eiserne Segler aufkamen, die Ansprüche an Größe und Einrichtung der Schiffe ständig höher wurden, wurde die Beteiligung an der Reederei mehr und mehr eine Geldanlage und Spekulation auch für solche Kreise, die nichts mit der Schiffahrt selbst zu tun hatten. So gaben Gutsbesitzer gern ihr Geld zum Bau von Schiffen, Getreidehändler, reiche Leute, die den Ehrgeiz hatten, daß das Schiff, in das sie ihr Geld gesteckt hatten, ihren Namen trug. Auch die Frachtenbeschaffung, die früher ausschließlich Sache der Schiffer gewesen war, ging in die Hände der Korrespondentreeder über. Der Weg von hier aus bis zu den großen kapitalistischen Reedereigesellschaften, denen die Seeleute aller Grade die Dividenden verdienen mußten, war nun nicht mehr weit.

Für die Darßer besaß die Englandfahrt, wie wir schon erzählten, eine besondere Anziehung. Sie führten englische Industrieerzeugnisse zu den Mittelmeerhäfen, nach Konstantinopel, ins Schwarze Meer, sie kamen mit russischem Weizen, den sie in Odessa übernahmen, nach England zurück, nahmen dort Kohlen für die Heimreise auf.

Mit der „großen Fahrt" durch alle Weltmeere bekam das Leben der Seemannsfamilien auf dem Darß ein völlig anderes Gesicht. So lange die Reisen vornehmlich in die Nordsee oder Ostsee gegangen waren, hatte der Seemann in den Wintermonaten daheim sein können, denn das Eis schloß diese Häfen für viele Monate zu. Bei der großen Fahrt waren die Schiffe oft das ganze Jahr über, mitunter auch zwei oder drei Jahre unterwegs, sie blieben in südlichen Gegenden oder übernahmen, wie seltsam das klingen mag, auf lange Zeit Fahrten von Hafen zu Hafen in den chinesischen Gewässern. Das führte zur Übersiedlung vieler Darßer Seemannsfamilien in die großen Hafenstädte, auf die sich ja auch der Schiffsverkehr seit dem Siege der Dampfer mehr und mehr konzentrierte. Die Ortschaften auf dem Darß entvölkerten sich. Prerow zählte 1868 – also zur Zeit der Blüte der Segelschiffahrt – 1 530 Einwohner. 1910 wurden nur noch 1 000 Einwohner genannt. Allein der in diesen Jahren aufblühende Reiseverkehr konnte der restlichen Bevölkerung dieses Dorfes eine neue Lebensbasis schenken. Ebenso war es mit Zingst. Zingst verlor innerhalb von 19 Jahren rund 400 Einwoh-

ner. Prerow und Zingst sind also seit Jahrzehnten keine Seemanns-
dörfer mehr. Doch immer noch finden wir dort, wie in unseren an-
deren Dörfern, Erinnerungsstücke an die vergangene Seefahrtszeit.
Auf dem „Vertiko" steht ein großes Schiff unter einem Glaska-
sten, vom Großvater gemacht, als er als Steuermann gefahren war.
Oder ein Flaschenschiff, das der Onkel in seinen Mußestunden als
Koch auf dem Schiff gebastelt hatte. Oktanten und Sextanten, die
Beobachtungsinstrumente, handgeschriebene Navigationsbücher,
Schiffsjournale sind noch vorhanden. Auch ein „Souvenir", eine Er-
innerung aus Südafrika, auf ein Blatt des Silberbaumes gemalt, oder
Gehörne fremder Tiere, die auf selbstgefertigten reich verzierten
Brettchen montiert sind, hängen an der Wand. Vor allem aber ste-
hen im Glasschrank noch Teller, Schüsseln, Platten und die „Dar-
ßer Hunde" aus dem so beliebten englischen Steingut.

Wie reich einmal der Schatz an diesem bunten englischen Geschirr auf dem Darß und Zingst gewesen ist, geht aus den Erinnerungen eines Einzelrichters des Gerichtsbezirkes Barth vom Jahre
1850 hervor. Dort heißt es: „Noch möchte ich erwähnen, daß auf
dem Darß und Zingst, selbst in ärmlich ausgestatteten Stübchen,
in die mich amtliche Geschäfte riefen, ich prunkende Porzellange-

fäße erblickte, die, wie ich mir sagen ließ, die Seeleute, wenn sie ihre Heuer erhalten haben und nicht wissen, wie sie sich schnell genug des empfangenen Geldes entledigen sollen, in Englands Häfen einkaufen und der Heimat – unter Umgehung der Zollgrenze – zuführen."

Dieser Hinweis auf die Umgehung der Zollgrenze bringt die Erzählung einer alten Ahrenshooperin in Erinnerung, die das ehemalige Ahrenshooper Zollhaus bewohnt. Viele Matrosen vom Darß fuhren auf Fischländer Seglern, mußten also bei der Heimkehr die Zollgrenze zwischen dem Fischland und Ahrenshoop passieren. War es ihnen nicht gelungen, ihre englischen Waren durch den Zoll zu schmuggeln, sollen sie aus Wut das ganze Geschirr zerschlagen haben. Jedenfalls sind im Vorgarten des Zollhauses beim Einsetzen von Bäumen tiefe Gruben voll bunter Scherben gefunden worden.

Ein großer Teil der Darßer sucht auch heute noch Berufe, die mit der Seefahrt in Verbindung stehen. So arbeiten viele an der Stralsunder Werft oder der Rostocker, bei der Schiffsbergung, der Seebaggerei, auf Vermessungsschiffen, dem Buhnenbau oder dem Dünenschutz.

Ich muß, wenn ich von dieser angeborenen Liebe zur See spreche, immer an ein kleines Erlebnis im Heimatmuseum denken. Im Spätherbst, als nur noch wenige Besucher kamen, erschien an einem Nachmittag einmal ein junges Mädchen. Sie blieb sehr lange da und konnte sich nicht von den Bildern der Segelschiffe, den

Flaschenschiffen, den Modellen losreißen. Schließlich erzählte sie uns, daß sie aus Thüringen sei und die See so liebe, daß sie im ganzen Jahr nur von der Vorfreude auf einen kurzen Aufenthalt an der Küste lebe. In ihrer Heimat gäbe es kein Wasser, sie hätte immer Sehnsucht nach der See. Ich fragte, ob sie wirklich aus Thüringen stamme. Ja, auch ihre Eltern. Dann kam heraus; „Wir haben noch zu Hause ein Bild von dem Schiff, auf dem früher mein Großvater gefahren ist. Er lebte in Hamburg." Damit war uns alles klar. Die Liebe zur See liegt im Blute, wie man sagt.

Dieser Abschnitt über die Schiffahrt kann nicht ohne einen ersten Hinweis auf jene eigenartige Volkskunst geschlossen werden, die von jeher in der seefahrenden Bevölkerung gepflegt worden ist. Sie scheint heute der Vergangenheit anzugehören, aber hier ruhen gestalterische Kräfte und Gaben, die einer Wiederbelebung ebenso würdig wären, wie sie der alten Teppichweberei im östlichen Teil Mecklenburgs schon zugute gekommen ist. Was spricht denn anderes aus den Schiffsmodellen, den Flaschenschiffen, den sogenannten Halbschiffen im verglasten tiefen Holzrahmen, aus den kunstvollen Schnitzereien, die man in vielen Seemannshäusern trifft, und die alle aus den Händen der Seeleute stammen?

Das sollten für uns keine Kuriositäten sein, noch weniger „Reiseandenken", die man ihren Besitzern abzukaufen versucht. Das sind Beweise einer Handfertigkeit und eines Gestaltungstriebes, wie ebenfalls unsere geschnitzten Haustüren, die alten, bemalten Eckschränke, die verzierten Bänke, als Schlafbank mit Ausziehkasten in der Kammer, als Ruhesitz vor den Häusern. Sie alle sind – und das ist besonders bemerkenswert – eine von Männern geschaffene Volkskunst, sie sind bodenständiges Kunstgewerbe, geboren aus jenem natürlichen Schönheitssinn, der das Merkmal des Kunstfleißes war, ehe dieser als „Kunstgewerbe" eine Sache des Geschmäcklertums, der Mode und der blühenden Spekulation wurde.

Wir werden in den Kapiteln, die unseren einzelnen Ortschaften gewidmet sind, auch beim „Heimatmuseum", wieder darauf zurückkommen. An dieser Stelle sei nur noch auf einen alten Prerower Seemann hingewiesen, dessen Kunstfertigkeit und Liebe zum Werk seiner Hände am besten für alle Gleichgesinnten und Gleichgestimmten sprechen kann.

Das ist der jetzt 81 Jahre alt gewordene Schiffszimmermann Ernst Köpke, der jahrelang mein guter Nachbar gewesen ist. In unserem Museum haben wir als eins der besten Stücke einen Kasten, innen mit heimatlichem Bernstein ausgelegt, in dem sechs aus Elfenbein geschnittene Ringe liegen, eine Arbeit seiner Hände. Das Elfenbein hat er als junger Mensch von einer Reise aus Südafrika selbst mitgebracht. Köpkes Haus ist der Erinnerungen voll: Elfenbeinzähne auf geschnitzter Unterlage, ein kunstvoll eingerahmter Spiegel, Kästchen aus seltenen Hölzern, in die heimatliche Ansichten eingegraben sind, sie tragen Hirschhorngriffe an den Seiten. Das Schönste ist aber eine Schale aus feinstem, dünnen Holz gearbeitet, deren Rand einen Schmuck in Gestalt einer Ranke von zarten Windenblättern und -blüten trägt. Der alte Seemann hat nächtelang gegrübelt, ehe er diese Ranken entwarf und ausführte.

Sein ganzes Leben zieht mit den kunstfertigen Handarbeiten an uns vorüber. Dieser Fahrensmann verbringt wie alle seinesgleichen seinen Lebensabend nicht in enger oder gar verbitterter Abgeschlossenheit. Die weite Welt von da draußen umgibt sie auch in der Heimat. Sie fühlten sich selbst in ihrer engen Stube mit einbezogen in die Ferne. Sie gehören noch der Welt, und die Welt gehört ihnen. Südafrika und Las Palmas oder Madagaskar – das ist für sie, wie wenn wir aus einer kleinen deutschen Stadt in eine andere fahren. Und die Freude am eigenen Gestalten macht ihren Lebensabend reich.

Fischerei

Unser treuer, auf so vielen Gebieten beschlagener Gewährsmann August von Wehrs erzählt:

„Es gibt so schlechte Felder, daß sie der Bearbeitung nicht werth sind. Als Hutweiden geben sie ebenfalls keinen, oder sehr schlechten Nutzen; … auch haben die Bauern durch den Heringsfang und die Heringsräucherei einen ehrlichen und zuweilen recht guten Erwerb."

Was Wehrs vor mehr als hundert Jahren von unserem heimatlichen Boden ausgesagt hat, trifft auch heute trotz aller neuzeitlichen Methoden der Landbearbeitung und Verbesserung noch zu. Landwirtschaft etwa im Sinne des Binnenlandes wird sich auf unserer Halbinsel niemals entwickeln lassen. Prerow fällt dafür ganz aus, weil dieses Dorf nur angeschwemmten Boden besitzt, alluvialen, marinen Sand, der in jedem Frühling weit überschwemmt werden kann und einen hohen Grundwasserspiegel hat. Born ist dagegen, wie wir später noch hören werden, besser dran.

Landwirtschaftliche Nutzung ist immer am ehesten durch die Viehwirtschaft gegeben. Das war hier schon zu alten Zeiten so und wird auch für die Zukunft gelten. Ganz gewiß ist auch das nicht schlecht. Vor allem für den „kleinen Mann", den der Volksmund treffend mahnt: „De Kauh deckt di den Disch!" Unser östlicher Ausläufer, die Sundische Wiese, ist seit jeher sogar als „Pension" für fremdes Vieh gesucht und gerühmt worden.

Doch selbst wenn die Natur unserer Heimat einen guten, ertragreichen Boden geschenkt haben würde – unsere Lage zwischen den beiden Wassern hätte die Darßer und Zingster immer zur Fischerei geführt, genauso, wie ihnen die Liebe zur Seefahrt im Blute liegt und erst mit dem Letzten unter ihnen aussterben würde.

Was könnte auch für die Fischerei günstiger sein, als die seltene Möglichkeit, sowohl über die offene See wie über Binnengewässer zu verfügen? Wir Darßer haben in dieser Beziehung sogar noch etwas vor den Fischländern voraus: Unser Nordstrand ist vor den vorherrschenden West- und Südwestwinden geschützt, die die Fischlandküste aus erster Hand entgegennehmen muß. Beide verfügen über keine Seehafenanlagen, keine Mole, hinter der sich die Fischerboote bergen können. Beide führen also die Ostseefischerei nur in leichten, offenen Booten aus, die noch auf den Strand gezogen werden müssen, um kein Opfer der Brandung zu werden. Durch den erheblichen Seegang vor der Fischlandküste sind dort der Seefischerei engere Grenzen gesetzt als bei uns, wo das Meer an vielen, vielen Tagen des Jahres wie ein stiller oder nur von leichten Kräuseln überrieselter Spiegel ist.

Nach der Lage unserer vier größten Ortschaften kommt für die Prerower und Zingster vor allem die See als Fischrevier in Betracht, für die Borner und Wiecker das Binnengewässer. Doch eine reinliche Teilung gab es zu keinen Zeiten. Als die Heringsfischerei noch das A und O für alle Fischerdörfer an der Ostseeküste war, haben sich auch die Borner und Wiecker diese Einnahmequelle nicht entgehen lassen wollen. Sie haben ihre eigenen Heringswaden am Seestrand gezogen, wie es bereits die Schwedische Matrikel vermerkt. Ohne Streitigkeiten wegen der Verteilung der Fangplätze ging das nicht ab. Man kann sich vorstellen, wie heiß es damals am Strande zugegangen sein muß, wenn die Heringszüge mit ihren abertausend Fischen gesichtet wurden und jeden Fischer das Jagdfieber und die Beutegier überfiel. Wehrs berichtet: „Um Streitigkeiten zu vermeiden, ist der Strand da, wo gewöhnlich gefangen wird, in so viele Theile eingetheilt, als Waden sind. Gewöhnlich haben je zwei und zwei Waden ihre Fischerhütte mit einem Heerde, worin die Leute kochen, sich wärmen, und beim Zuhausegehen alle ihre Gerätschaften lassen können."

Fischerhütten als Standort für die Wadenfischerei haben die Borner, die sich durch besondere Wendigkeit auszuzeichnen scheinen, sogar am Weststrand beim Vordarß unterhalten, ebenso auch Räucherhäuser, um den Fang an Ort und Stelle gleich konservieren zu können. Unser ganzes Gebiet war in den Zeiten der großen Heringszüge der Lieferant von Räucherfisch als Fastenspeise für die katholischen Gegenden Deutschlands. Wie auf dem Fischland kamen die sächsischen Aufkäufer des Räucherherings mit ihren Planwagen, die man kurzerhand die „Karrner" nannte, in regelmäßigen Zeitabständen auf die Halbinsel Darß und Zingst und handelten den Fischern die Fänge ab.

Die Berichte vom Heringsfang an unserer Küste kommen uns bereits sagenhaft vor, wenn sie der Zeit unserer Großeltern gelten. Wieviel bedeutender dagegen in alten Zeiten unser Heringsreichtum gewesen sein muß, beweisen die Klagen des Johann Micraelius um 1725: „Vor diesem ist der Heringsfang an unserer Küste viel häufiger am pommerschen Strande und in Rügen gewesen, als anjetzo. Aber wie aller Dinge Veränderung vorläuft, also hat dieser Segen sich auch von diesen Landen merklich weggewandt."

Heringszüge sind wohl immer Glückszüge gewesen. Sie kommen und gehen nach Gesetzen, die uns nicht geringere Rätsel aufgeben, als der Zug der Aale, der so viele Gelehrte vieler Länder in Atem gehalten hat.

Wehrs erzählt von einem plötzlichen Auftauchen der Heringe an der Pommerschen Küste in so großer Menge, daß die Fischer dieses unerwartete Geschenk nicht wahrnehmen konnten. Es waren zu wenig Heringssalzereien und Räuchereien vorhanden, es gab im Augenblick sogar nicht einmal genügend Salz. „Man benutzte den Hering an einigen Orten sogar zum Dünger, und man fütterte im Frühjahr, was manchem unglaublich scheinen wird, obwohl es Tatsache ist, auf dem Darß die Pferde mit frischen Heringen!"

„Abergläubische Darßer geben Pferden, wenn sie nicht fressen wollen, also nach ihrer Meinung behext sind, einen gesalzenen Hering ins Futter. Da übrigens ein gesalzener Hering oftmals einen verdorbenen Menschenmagen verbessert, so mag dieses Mittel auch einem verdorbenen Pferdemagen sehr zuträglich seyn."

Im Herbst fischte man mit Manschen in der See. Das sind lange, von feinem Garn gestrickte Netze, die abends als Netzwand ausgespannt werden, an der die Heringe mit den Kiemen hängenbleiben.

Früher kamen so oft Seehunde in unsere Gegend, daß die Darßer Fischer sogenannte „Mönchguter Seehundreusen" aufstellen mußten, um diesen Störenfried, der ihre kostbaren Manschen zerriß, abzufangen.

Aus dem Jahr 1875 erzählt Genz von einem so gewaltigen Heringsfang, daß die Darßer Mut bekamen, wieder eine eigene Räucherbude zu bauen, nachdem sie länger als 20 Jahre in Bodstedt geräuchert hatten. Für den Wadenfang hatten die Fischer Pacht zu zahlen, die man „Wadenzins" nannte. Sogar die Kirche profitierte von der Arbeit der Fischer, deshalb bringt das Kirchenbuch Eintragungen über das Ausziehen der Heringswaden und die erste Prerower Räucherei.

Allmählich legten sich unsere Fischer größere Boote zu, um den Flundernfang auszuweiten, der zeitweise recht bedeutend werden kann. 1900 bis 1901 finden allein die Prerower rund 2000 Zentner Flundern und 3000 bis 4000 Wall Heringe (1 Wall = 80 Stück). Damals gab es in Prerow noch 5 Reusen, für die je 30,- M. Pacht an den Staat zu bezahlen war, und drei Räuchereien. Die Zingster Fänge wurden meist in der Fischkonservenfabrik von Krüger in Barth verarbeitet.

Die alte Reuse bei Darßer Ort war bis Anfang des 20. Jahrhunderts in Betrieb. Dann schlief die Reusenfischerei an unserem Strande ebenso ein wie in der Wustrower Bucht. Erst vor wenigen Jahren sind wieder neue Reusen an unserem Strande gebaut worden, die wir der Anregung und Erfahrung unserer Neubürger verdanken.

Solch eine Reusenanlage, ob sie im Außenwasser oder im Binnenwasser aufgestellt wird, ist ein Fangapparat, wie er eindrucksvoller und sinnvoller kaum gedacht werden kann. Der Laie sieht von der Reuse allerdings kaum mehr als eine eigenartige Anordnung über den Wasserspiegel hinausreichender Pfähle oder Pfosten, auf denen die Möwen mit Vorliebe sitzen, an denen ab und an auch ein kleines offenes Boot entlangschaukelt. Reusenfischerei ist eine Kollektivarbeit ersten Ranges. Zur Anlage einer Reuse muß sich nicht nur wegen der hohen Gestehungskosten, sondern auch zu ihrer Auswertung, Pflege und Erhaltung eine ganze „Kompanie" von Fischern zusammenschließen, der die Genossenschaft den nötigen Kredit gewährt. Die Reuse besteht – diese Erklärung beruht auf den sachverständigen Ausführungen des Rüganer Heimatschriftstellers Wolfgang Rudolph – aus einer langen Pfahlreihe, dem „Wehr", an der das Netz befestigt wird. Ein zweites Netz am

Reusenkopf führt die Fische dann in eine große Falle, aus der sie nicht wieder hinausfinden können. Diese Falle wird mit Keschern ausgeleert, der Ertrag in kleinen Booten angelandet. Rudolph gibt die Kosten für die Anlage einer Reuse auf rund 12 000 bis 15 000 DM an. Das klingt ebenso gewaltig wie seine schätzungsweise Berechnung des Ertrages, den solch eine Reuse unter günstigen Umständen einbringen kann. Aber man sollte einmal Mitglieder einer Reusenkompanie nach dem Risiko fragen, das mit dieser kostspieligen Fangweise verbunden ist, die eine einzige Sturmnacht zerstören kann. Das Gewebe der langen Netze und des Schlauchs zerreißt, die mit unendlicher Mähe in den Meeresgrund eingespülten Pfähle werden herausgerissen oder umgelegt. Oft müssen die Fischer dieser Zerstörung untätig vom Strande aus zusehen, da das Bergen des Materials bei schwerem Wetter mit ihren kleinen Booten unmöglich ist. Hört man von diesen Gefahren und Nöten, wird man erst die rechte Hochachtung vor jenen Fischern bekommen, die sich weder durch den Rückgang des Heringsfangs noch der Boddenfischerei entmutigen lassen, sondern die alte Reusenfischerei am Strande wieder ins Leben rufen.

Die Fischerei im Bodden wird von allen Fischerdörfern rund um diese vielförmige Wasserstraße ausgeübt. Im Sommer beleben die ungeschlacht wirkenden „Zeesekähne" mit ihren braunen, viel geflickten Segeln die Boddengewässer. Zeesenfischerei kann nur in verhältnismäßig flachen Fischgründen betrieben werden. Das Fanggerät, die Zeese, ist ein langes Schleppnetz, das dicht über den Grund gezogen wird. Seine beiden Arme sind am Bugspriet und dem ebenso langen Driftbaum befestigt. Bei geeignetem Wind, das heißt hier, einem stetigen Wind, kreuzen die Zeesenfischer zuerst eine Strecke auf, die sie sich dann mit dem ausgebreiteten Netz von dem Winde zurücktreiben lassen. Wenn man diese Fischer so geruhsam stundenlang treiben sieht, könnte einem solche Art Fischerei im Vergleich zum Wadeziehen oder der mühevollen Arbeit mit der Reuse in der Ostsee geradezu behaglich vorkommen. Das hat aber nur an den warmen Sommer- und Herbsttagen seine Gültigkeit. Gezeest wird auch im Winter, so lange das Wasser offen bleibt. Pflege und Erhaltung der Zeese erfordern ebenfalls einen ganzen Mann, das will sagen, zwei Männer, die zur

Bedienung des Bootes und der Zeese gehören. Der eine ist meist der Eigner, der andere sein Gehilfe, Macker genannt. Die Kosten für Erhaltung des Bootes und Fanggeräts fallen dem Eigner zu. Dafür wird der Ertrag gedrittelt, das eine Drittel für das Boot, die anderen für die beiden Fischer.

Zeesenfischerei ist meist eine Sache der älteren Leute, um so höher ist deren Leistung einzuschätzen. Und wie oft steht der Ertrag, den die Zeese eingesammelt hat, in keinerlei Verhältnis zu der aufgewandten Mühe und dem Verschleiß des Materials. Mit der Zeese wird vor allem der hochbewertete Boddenzander gefangen, aber auch Plötzen und Barsche. Die Borner betreiben ferner auf dem besonders flachen Grund des Großen Hakens, der sich vom Darßrand bis tief in den Saaler Bodden hinaus erstreckt, Fischerei mit Wadennetzen, 4 bis 5 Männer stehen in hohen Stiefeln im Wasser und ziehen das Netz mit den Händen über den Grund.

Im Winter erfolgt das sogenannte „Fischedrehen" oder „Krautdrehen". Durch ein Loch im Eis wird eine Stange bis auf den Bod-

dengrund geführt und langsam gedreht. Ein dickes Gewinde von Kraut, das Tüers genannt wird, kommt mit der Stange wieder heraus. Dieses Kraut hat in früheren Zeiten als Düngemittel für den Acker großen Wert gehabt, es wurde auch im offenen Wasser gewonnen und mit Polten an Land verfrachtet. Den „Tüersdrehern" im Eise geht es aber in erster Linie um die begehrten Aale, die mit diesem Kraut ans Tageslicht geraten können. Krautdrehen war auch früher eine übliche Winterbeschäftigung für die Segelschiffer, wenn sie zu Haus bei Muttern saßen.

Das Bild unserer Fischerei würde unvollständig bleiben, würde nicht noch der alltäglichsten Fischerei mit der Angelschnur gedacht, die man allerdings überall beobachten kann, wo sich nur ein Gewässer findet, selbst an den Schleusen und auf den Brücken der Spree mitten im Großstadttrubel Berlins. Abgesehen von „Sonntagsanglern" im Prerowstrom und der nie aussterbenden Angelleidenschaft kleiner und großer Jungen werden im Prerowstrom Plötze und Weißfisch, „Wiedling" genannt, gefischt, die nicht nur im Kochtopf oder in der Pfanne enden, sondern ein guter Köder für den Hechtfang sind. Wenn man aber zu gewissen Zeiten an den Gräben zwischen Wiesen und Weiden, die mit dem Bodden in Verbindung sind, Leute mit stieren Augen unbeweglich stehen sieht, verstohlen eine Art Fünfzack in der Hand, hat man es mit verbotenem Hechtstechen zu tun, das noch ebenso wenig ausgestorben ist wie die Wilddieberei in unserem Forst.

Seit ich den Darß kenne, habe ich Klagen über ständigen Rückgang des Fischbestandes in den Boddengewässern gehört. Je tiefer man in unsere Kette von Bodden kommt, um so schlechter ist es mit dem Fischfang bestellt. Am geringsten scheint jetzt der Ertrag im Saaler Bodden westlich der Bülten zu sein, der am weitesten ab vom Zugang zur Ostsee liegt und nur aus der Recknitz einen bescheidenen Zustrom von Wasser erhält. Zu seinen Anrainern gehört auch der westliche Teil des Dorfes Born.

Heute würde man wohl kaum mehr Glauben für die Tatsache finden, daß dieser Saaler Bodden, den eine ständig sinkende Zahl größerer Zeesenboote befischte, noch um 1800 ein Revier für den Hering, diesen ausgesprochenen Salzwasserfisch, gewesen ist.

Es sind viele Lesarten für den Rückgang unserer Binnenfischerei umgegangen. Biologen haben sich damit beschäftigt, Fischbrut wurde immer wieder ausgesetzt, die verschiedenen Fangmethoden wurden überprüft, jetzt ist, um die fachgemäße Ausübung der Fischerei zu sichern, eine neue Meisterprüfung für unsere Fischer eingeführt worden.

Wir halten uns im Gewoge der verschiedenen Meinungen an das, was die „Fachleute", nämlich unsere Fischer selbst, dazu zu sagen haben. Die weisen immer dringlicher darauf hin, daß das Zuschütten des Prerowstroms, das nach der letzten großen Sturmflut im Jahre 1874 durchgeführt wurde, um das Land zu schützen, die einzige Ursache allen Übels ist. Damals wurde unter großen Aufwendungen die Verbindung zwischen dem Prerowstrom und der Ostsee, also zwischen Meer und Bodden, geschlossen. Zingst verlor seinen Inselcharakter. Jetzt zieht sich das Land, das in grauen Zeiten einmal nur aus vielen kleinen Inseln bestanden hatte, halbinselartig in einem großen Bogen, dessen Scheitel gleichsam Darßer Ort ist, vom Fischland bis zum Bock vor dem Strelasund, wo der letzte Ausgang des Boddengewässers zur „Saltze See", wie man früher sagte, übriggeblieben ist. Jener Eingriff führte natürlich zu einer Versüßung und Verschlickung der Boddengewässer. Der Bewuchs ihrer Ufer mit Rohr, ein beinahe sichtbares Vordringen des Landes durch Verkrautung gehen damit Hand in Hand.

Die Folge, die die Zuschüttung unseres Prerowstroms gehabt hat, ist übrigens niemals als eine nur lokale Frage angesehen worden. Heftige Landtags-, sogar Reichstagsdebatten wurden entfacht. Im Wahlkrieg der Parteien wurde immer wieder die Zusicherung der Kandidaten, für erneuten Zugang der Bodden zur Ostsee zu sorgen, gewichtig ins Feld geführt.

Der größere Schutz der Küste ist vielleicht tatsächlich mit der Entwertung der Bodden als Fischgrund bezahlt worden. Jedenfalls aber haben die Fischer unserer Heimat allen Grund, auf eine Klärung dieser Vorgänge zu drängen. Am liebsten sähen sie, daß nicht mehr länger darüber geschrieben und gesprochen würde, sondern daß der Prerowstrom morgen wieder aufgemacht wird.

Born

„Die Prerower haben den Strand,
die Wiecker den Sand
und die Borner das Land."

Mit diesen Zeilen ist der verschiedenartige Charakter unserer drei größeren Ortschaften auf dem Darß in denkbarer Kürze vortrefflich ausgesprochen. Born hat „das Land". Das bedeutet, daß Born den fruchtbarsten Boden besitzt. Und dieses Dorf hat von jeher großzügig über seinen Reichtum verfügt. Es ist weiträumig gelagert, die Anwesen liegen nicht, wie etwa auf dem schmalen Landstrich des Fischlandes in Alt- und Niehagen, gleichsam Schulter an Schulter. Man muß an einem der gewitterschwülen Sommertage, wie sie typisch für Born sind, durch dieses Dorf gelaufen sein, um etwa den Schmied zu suchen oder dringlicher noch einen Mann, der einen vom „Plattfuß" des Hinterrades befreit, um praktisch einen Eindruck von der breiten Lagerung des Dorfes zu gewinnen.

In Born ebenso wie in Wieck und vielen anderen Küstendörfern, in denen seemännische Bevölkerung gemeinsam mit Kleinbauern und Büdnern wohnt, läßt sich noch heute die alte – man muß sagen – in ihrer Sinnfälligkeit vorbildliche typische Anlage der Häuser studieren. Wir unterscheiden das ausgesprochen niedersächsische Bauernhaus mit der Hochdiele und dem auf seinen Ständern ruhenden behäbigen Dach, das massiv aufgerichtete Seemannshaus und den rohrgedeckten Katen mit seinem von Lehm ausgefüllten Fachwerk, dessen Wände vielfach zum Schutz gegen die Witterung eine geteerte Holzverschalung besitzen. Lohnend ist es, nach den Giebelbrettern Ausschau zu halten, die das Rohrdach vor dem Zugriff des Windes behüten sollen. Dem Vernehmen nach hat man in der germanischen Frühzeit Schädel geopferter Pferde an den Giebeln aufgespießt, die Feuer und Unwetter dem Hause fernhalten sollten. Giebelbretter in Form gekreuzter Pferdeköpfe erinnern uns heute noch an diesen Brauch. Häufig ist auch der sogenannte Giebelpfahl anzutreffen, ein senkrecht an den Giebel genageltes Brett, das an alten Seemanns- und Fischerhäusern zu finden ist. Auch dieses Brett ist durch seine Form zu einem bescheidenen Schmuck geworden, trägt die Umrisse von Herzen, Blättern oder Sternen. Alte Leute lesen aus ihnen heute noch heidnische oder christliche Symbole und bewahren den Aberglauben an die Kraft solcher Zeichen. In Born trägt die Spitze des Giebelpfahls gern eine Windfahne, die dem Fischer unentbehrlich ist, während manche Seemannshäuser das Modell eines kleinen Rahschoners als Wetterfahne zeigen.

Born ist, wie wir im Kapitel über die Schiffahrt auf dem Darß und dem Zingst ausgeführt haben, ein ausgesprochenes Seemannsdorf gewesen, sogar das reichste auf dem Darß. Noch heute liegen dort alte Kapitäne und Steuerleute „vor Anker". Der Abstieg der Segelschiffahrt hat aber dieses Dorf nicht so schwer betroffen wie etwa Prerow oder Wieck, denn Born „hat" ja das Land, das seinen Einwohnern auch weiterhin eine Lebensgrundlage geben konnte.

Alte Leute wissen noch anschaulich zu erzählen, wie viel Mühe und Liebe der Bewirtschaftung von Acker und Wiese zugewendet worden ist. Mit nachbarlicher Hilfe, wie sie heute noch auf kleinen Dörfern beim Kartoffelkratzen üblich ist, haben die Frauen ihr gesamtes Ackerland, oftmals mehr als drei Morgen, mit dem Spaten umgegraben und dabei jede Quecke ausgezogen. Das Heu wurde von weitab liegenden Wiesen auf Karren zur Hofstatt gefahren. Die ganze Verwandtschaft schlug sich zum Heuwerben zusammen.

Während einige Frauen mit schwerbeladenen Karren den Heimweg antraten, kamen ihnen andere mit leeren Karren wieder entgegen; wenn sie sich trafen, wurden die Karren ausgetauscht. Es fand also eine Art Stafettenlauf der Karren statt. Das Heu von den dicht bei Ahrenshoop gelegenen „Borner Wischen" wurde bei ruhigem Wetter mit zu zweien zusammengelaschten Polten auf dem Wasserwege nach Born befördert.

Da dieses Dorf auch ein guter Ausgangspunkt für die Fischerei in den verschiedenen Boddengewässern ist, hat es nicht wie Prerow im Fremdenverkehr den einzigen Ausweg aus wirtschaftlicher Not gesehen.

Der Name Born kommt wahrscheinlich nicht von Born = Quelle, da es im ganzen Dorf keine Quelle gibt; er hat vielleicht etwas mit bornen = brennen zu tun oder findet seinen Ursprung im slawischen borina, gleich Föhrenwald. Die Lesart, die man gelegentlich hört, daß der Name zwar nichts mit Quelle, jedoch etwas mit Trinken zu tun hätte, werden sich die Borner kaum zu Herzen nehmen. Echte Seemannsdörfer wie Born sind von Natur aus kein günstiges Feld für Enthaltsamkeit, und Born ist stolz darauf, ein echtes Seemannsdorf zu sein.

Durch seine Lage am Bodden, und zwar teils am Nordufer des Saaler Boddens, teils am schmaleren Koppelstrom, hat Born ein wesentlich milderes Klima als das unmittelbar am Ostseestrand liegende Prerow. Außerdem bietet der Darßwald einen guten Schutz vor dem kalten Seewind. Die Lieblichkeit der Binnenwasser, die Stille der kleinen rohrumsäumten Buchten, der weiten Wiesenflächen, Moor, Heide- und Ginstergebiet, der nahe Darß mit seinem Duft und dem an Beeren und Blumen und Pilzen reichen Mutterboden – das gibt diesem Dorf seinen besonderen Reiz. Wenn sich die Gäste mit diesem Reichtum nicht begnügen mögen, wandern oder radeln sie – so kann man sie Sommer für Sommer in Scharen und Gruppen auf dem Wege sehen – durch den Wald zum Weststrand, jenem urwüchsigen und um seines Seeganges willen bevorzugten Küstenstrich, an dem sich kein durch die Fülle der Burgen und Badenden bewegtes Leben entfalten kann, wo jeder mit den Seinen allein sein darf. Doch wer wiederum an Strandtrubel seine Freude hat, kann von Born aus mit einem Bus in kurzer Zeit den

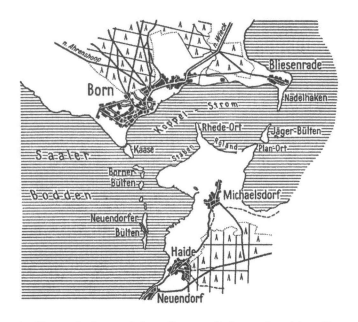

berühmten breiten, steinlosen Prerower Badestrand erreichen. Der
Weg durch den Wald zum Weststrand ist jedoch ein köstliches Geschenk, das Born für jeden bereithält. Man wandert oder fährt auf
den schattigen Wegen unter den hohen Bäumen entlang, von Farn
und Blumen und Gräsern begleitet, atmet den aromatischen Duft,
die schmale Himmelsstraße, die die Baumkronen freigeben, über
sich, und erlebt jedes Mal neu, wie die wachsende Nähe der See
spürbar wird. Der Wald wird lichter, die Bäume werden vom Zugriff der Stürme geprägt. Die Luft bekommt einen salzigen Hauch,
einen starken Geschmack. Dann tut sich der Weststrand vor einem
auf mit seinen uralten Ablagerungen des im Wasser versunkenen
Waldes, dem gespenstisch nackten Wurzelwerk, um das die Brandung spült, und seiner unvergleichlichen Weite. So hat der Kul-
turbund gutgetan, neben Ahrenshoop auch Born in seinen Ferien-
dienst einzuschalten. Wer nach angespannter geistiger Tätigkeit
Ruhe und Besinnung verlangt, wandern möchte oder im Walde
und auf Wiesen ruhen, wer an der Mannigfaltigkeit unserer Natur
seine Anregung findet, fühlt sich in diesem bescheidenen Dorf mit
seiner großzügig ausgebreiteten Besiedlung wohl.

Unmittelbar vor Born, an der Boddenküste, liegt eine völlig andere Welt, der Bereich der Bülten, der kleinen und großen, runden und schmalgestreckten Inseln aus Gras und Schilf, auf denen mitunter eine einsame Kiefer wohnt. Die Bülten teilen den Saaler Bodden vom Koppelstrom ab, wirken, wenn man zwischen ihnen hindurchfährt, wie Engpässe oder naturgewachsene Schleusentore, in denen der West oder Ost die Wasser zusammenpreßt. Rauschend und brausend zieht hier die Strömung dahin, kämmt das Rohr durch, das im ständigen Wiegen und Wedeln bleibt, leckt an stilleren Tagen an dem verwurzelten Saum, als wollte sie die kleinen Inseln heimlich unterspülen und mit sich tragen.

Über den Ursprung der Bülten, deren nördliche Kette nach Born ihren Namen trägt, die südliche nach dem im Binnenlande gelegenen Neuendorf, gehen verschiedene Lesarten um. Der Volksmund meint, daß diese Inseln von der Mündung der Recknitz bei Damgarten fortgeschwemmte Wiesenstückchen seien, die die Strömung über den ganzen Saaler Bodden trug und unterhalb Borns abgesetzt hat. Manche dieser Bülten sind groß genug und haben einen so üppigen Graswuchs, daß die Borner auf ihnen heuen können.

Von Born aus geht ein ständiger Fährbootverkehr zu dem jenseits der Bülten und dem Koppelstrom gelegenen Hinterland, dessen Dörfer und Kirchtürme weit über das Wasser grüßen. Die meisten Fähren führen nach Bodstedt, Bodenstede, wie es früher hieß, andere nach dem kleinen Michaelsdorf, wo Störtebekers Gefährte Godeke Michel herstammen soll. Von Born ist es auch nicht allzu weit bis zu der altertümlichen Stadt Barth, deren hochaufragender mächtiger Kirchturm eine wichtige Landmarke der Schiffahrt ist.

Mitten in Born, wo jetzt das Forstamt zu Hause ist, stand einmal das Jagdhaus der pommerschen Herzöge mit einem weiträumigen Landbesitz. Von dieser Stelle aus soll das Dorf seinen Anfang genommen haben. Andere geben den auf Ahrenshoop zu liegenden Teil, der den Flurnamen Branden trägt, als den ältesten an. 1770 wurde das baufällige Jagdhaus abgerissen und durch den stattlichen Neubau ersetzt, den wir noch heute, umgeben von uralten Bäumen und einem Park, der sich bis an den Bodden heran erstreckt, bewundern können.

Um dieses Jagdhaus, das die pommerschen Herzöge viel aufgesucht haben, schlingt sich ein Kranz von Legenden. So erzählt v. Wehrs, der durch seinen Schwiegervater, den Borner Forstmeister Niemann, gewiß gut unterrichtet worden ist, daß zu Anfang des 18. Jahrhunderts, als Stralsund belagert wurde, dieses Jagdhaus als Unterschlupf für drei gekrönte Häupter gedient hat, und zwar Zar Peter d. Gr. von Rußland, König August von Polen und König Friedrich IV. von Dänemark. Wehrs schreibt belustigt: „Sie würden noch länger – 14 Tage waren sie schon dort – im Vergnügen der Hochwildjagd die Menschenjagd vergessen haben, wären sie nicht auf eine höchst unangenehme Art gestört worden."

Die Schweden nämlich hatten von dem Jagdaufenthalt erfahren und wollten ihren Gegner überrumpeln. Das Jagdhaus wurde aber durch einen Boten gewarnt, und die drei Herrscher entkamen noch rechtzeitig in einem Boot.

Der polnische Gegenkönig Stanislaus Leszcynski soll nach manchen Berichten unter den Reitern gewesen sein, die den Überfall ausführen wollten, und tatsächlich unbemerkt bis an den Prerower Strom gekommen waren. Auf jeden Fall aber hat Leszcynski, ehe er nach Frankreich ging, ein ganzes Jahr im Jagdhaus von Born gewohnt.

Nahe bei Born war früher eine Lichtung im Walde, die von hohen Linden eingerahmt wurde. Unter diesen Linden hielten die pommerschen Herzöge gern Tafel, wenn sie im Borner Jagdhause wohnten. Jetzt sind dort keine Linden mehr zu finden. Aber jene Stelle, wo sie einst gestanden haben, heißt noch heute der „Linderberg" und der Weg, der dahin führt, der „Linderweg". Es gibt sogar eine „Lindermaase".

Wenn die Borner früher nach Ahrenshoop kommen wollten, das, zu Pommern gehörend, immer in enger Verbindung mit den Dörfern „hinter dem Darß" gestanden hat, gingen oder fuhren sie diesen „Linderweg" bis zum Stern und nachher über den Mecklenburger Weg, die beide zu allen Jahreszeiten befahrbar waren. Der kürzere Weg über die südlichen Wiesen fällt wegen hohen Boddenwasserstandes oft aus. Er führt durch den Undeg (oder Undegen)-Speck. Speck heißt morastiger Ort, Bruch. Undeg bedeutet unheimlich. Dort soll ein Gespenst umgegangen sein.

Gespensterglaube ist auf dem Darß bis in unser Jahrhundert hinein verbreitet gewesen. Über den Ursprung von Flurnamen, wie Peters Kreuz im Jagen 98 und „Großmudding", – so heißt eine uralte Tanne nördlich von Born – kann man die wildesten Spukgeschichten erfahren, ohne zu einer überzeugenden Deutung vorzustoßen. Es ließe sich überhaupt in unserer engeren Heimat noch ein kostbares Gut an Sagen und Liedern sammeln, die nach wenigen Jahren als verloren gelten müssen. Mitunter hört man Bruchstücken eines alten Tanzliedchens, wie:

> „Uns' Großvadderbraudersöhn
> sitt up'n Döschdälböhn
> rookt sin gäl Piep.
> Piependanz, Rosenkranz,
> Pieping, staa still.
> Ick danz mi sünst dod!
> Danz man ümmer düller,
> dat hett noch keen Nood!"

Oder:

> „Kumm mit mi in'n Dunkelschatten,
> Kumm mit mi nah'n Heuböhn rup!
> Wie will'n läben as die Katten,
> kiek'n ut de Euken rut!"

Oder als Wiegenliedchen:

> „Gaus upp'e Däl,
> Ganter dorbi.
> Jung, laat min Mäken goan,
> Segg ick tau di."

Südlich von Born zieht sich ein Landzipfel in den Bodden hinaus, dem eine Insel, die Kaase, vorgelagert ist. Dort liegt die Kaasenrinne, eine sehr schmale, tiefe Wasserstraße, die vom Fischland auf kürzestem Wege nach Born führt und gern von Seglern gewählt wird, die die schwierige, gewundene Durchfahrt zwischen den Bülten und die berüchtigte Strömung der Schwallig, westlich der Bülten, scheuen. Die Kaase war früher ebenso wie die Spitze von Bliesenrade mit schönen Kiefern bewachsen. Auch sie wurden von den Dänen und Franzosen abgeholzt.

Der Pfingstsonntag ist in jedem Jahr für Born ein besonders festlicher Tag, der traditionelle Tag des Tonnenabschlagens. Dieses alte Reiterfest, das in vielen Orten unserer engeren Heimat gefeiert wird, hat in Born einen eigenen Glanz. Von weither vom Binnenland, vom Fischland, strömen die Besucher zusammen, kommen in Booten, auf Wagen, Rädern und Motorrädern an. Mitten über dem Schützenhausplatz wird mit Musik die geschmückte Tonne zwischen zwei hohen Masten aufgehängt. An die langgestreckte Reitbahn drängt sich von allen Seiten die zuschauende Menge. Bald jagen die mit Schärpen und Blumen geschmückten Reiter herbei und versuchen, mit Keulen die umkränzte Tonne zu treffen. Nach vielen, weithin hallenden Schlägen lösen sich die ersten Stücke der Tonne ab, vom Jubel der Zuschauer begrüßt. In einer langen Kette traben die Reiter immer wieder unter der Tonne hindurch über die Bahn. Schaubuden, Schießbuden, Eiswagen, Karusselle sorgen dafür, daß die Zuschauenden nicht ermüden, die ungezählten Kinder noch ihre eigenen Festesfreuden genießen. Der Jubelschrei bei einem besonders guten Treffer ruft alle wieder zum Kampfplatz zurück; den entscheidenden Schlag um das letzte Stück Holz vom Tonnenboden will keiner versäumen. Viele Stunden zieht sich dieses Spiel hin. Meist erst gegen Abend, wenn Reiter und Pferde völlig abgekämpft sind, ist das Ziel erreicht. Über den ganzen Darß wird der Name des Tonnenkönigs verkündet.

Nun kehren wir in die Borner Kirche ein, die entsprechend der ganzen Anlage dieses Dorfes nicht eng umgeben von Katen und Bauernstellen liegt, sondern auf freiem Felde, obwohl mitten im Dorf. Diese kleine Kirche wurde von dem Borner Architekten Hopp gebaut, die ganze Ortschaft aber kann sich als Bauherrn bezeichnen. Bauern haben das Holz zum Bau, das Rohr für das Dach geliefert und angefahren. Örtliche Handwerker haben gebaut. Der Borner Schmied Bülow hat das Kreuz für den Altar, die Kerzenhalter, die Kronleuchter geschmiedet. Weit über die niedrigen Dächer ragt der geschmiedete Turmhahn. Man sieht auf den ersten Blick, daß dieser Kirchenbau vor der Zeit entstanden ist, in der Otto Bartning durch seinen „Notkirchen" einen neuen Kirchenstil schuf, wie er in der Ahrenshooper kleinen Kapelle nachklingt, die übrigens auch von einem der „unseren", dem Architekten

Haemer aus Prerow, entworfen und ausgeführt worden ist. Die Borner Kirche entstand in ihrer rechteckigen Gradlinigkeit aus dem gleichen Geist, den unsere Schifferhäuser tragen.

Wir dürfen Born nicht verlassen, ohne einem Manne begegnet zu sein, dem die Heimatforschung Wesentliches verdankt. Das ist der frühere Lehrer des Dorfes Treu, der seine Amtszeit hindurch und in seiner verdienten Altersruhe unermüdlich für die Heimatkunde gearbeitet hat. Treu hat bereits Dr. Otto für sein Werk „Der Darß und der Zingst", Greifswald 1913, das für die geologische Geschichte des Darß' noch immer grundlegend ist, auch wenn neuere Forschung manches anders sieht, wichtige Hinweise geben können und andere Wissenschaftler beraten. Doch entscheidender noch: Er hat seine Schüler mit dem Wissen vertraut gemacht, ohne das eine echte Heimatliebe niemals festen Boden fassen kann. Ihm verdankt die Borner Schule die Sammlung von Bodenfunden, die sein Nachfolger, der junge Schulleiter Neumann, neu geordnet hat. Treu ist einer jener Vertreter der Heimatkunde, die dem Lehrerberuf zugehören; unbekannt, oft verlacht, haben gerade die Lehrer auf dem Lande der Heimatforschung unermeßliche Dienste geleistet. Es müßte einmal aufgezeichnet werden, was das deutsche Volk in dieser Beziehung seinen Lehrern verdankt. Jeder von den selbstlos forschenden und sammelnden Lehrern hat die Ehre, sich auf dem gleiche Wege zu wissen, den der große Volkskundler in Mecklenburg, Richard Wossidlo, ebenfalls ein Schulmann, vorangegangen ist. Und wer sich aus eigenem Antrieb, früher ohne jegliche Förderung, mit persönlichen Opfern an Zeit und Geld zum Dienst an der Heimatkunde berufen fühlt, weiß wohl keine größere Befriedigung zu finden, als ein Geistesverwandter Wossidlos sein zu dürfen!

*

Man kann natürlich ebensogut von Wieck aus nach Bliesenrade, jenem neben dem Forsthaus Ibenhorst abgelegendsten Dörflein auf dem Darß, gelangen. Doch da wir in Born sind, wählen wir diesen Weg dorthin.

Bliesenrade besteht nur aus wenigen Häusern. Es ist eine weit in den Koppelstrom hinausweisende Landspitze, deren Gesicht sich vom Darß abkehrt und dem „Festlande" zuwendet. Ihr Name gibt uns manches Rätsel auf. Wehrs erklärt ihn mit „Blüsen", einer besonderen Art, Fische zu fangen. Man fuhr bei windstillem Wetter mit flachen Booten hinaus, die an längliche Waschzuber erinnern, den „Polten", in die eine Rasendecke gelegt war, auf der man ein Kienfeuer anzündete. Das Licht lockte die Fische an, die mit gabelartigen Eisen durchbohrt und über Bord gezogen wurden.

Der Name Bliesenrade kann aber auch von „Blüse" kommen, das bedeutet Feuerzeichen in der Seemannssprache. Vielleicht war an der Spitze des Bliesenrader Hakens früher eine Leuchtbake, um Schiffe vor den Untiefen zu warnen. Diese vorgeschobene flache Südspitze von Bliesenrade reicht bis dicht an die dem Festland vorgelagerten Jägerbülten heran. Nur eine schmale Wasserstraße, die den bezeichnenden Namen Nadelstrom trägt, trennt den Koppelstrom vom Bodstedter Bodden.

1380 wird zum ersten Male von Bliesenrade gesprochen. Da wurde das Torfmoor Bliesenrade der Stadt Barth von Herzog Wratislaw VI. verkauft. Zweihundert Jahre später konnte sich dieses Bliesenrade zweier Einwohner rühmen, und bald darauf besaß es nicht einen mehr, wurde „wüst" genannt. Die Schwedische Matrikel verzeichnet kein Haus, nur mittelgroßen Kiefernwald und am Ufer einen Waldstreifen. Unter den Preußen wurde diese Landzunge bei Wieck eingemeindet. 1729 kam ein Müller nach Bliesenrade, die Mühle war königlicher Besitz, und der Müller mußte Pacht für sie bezahlen. Zu dem Müller gesellten sich mehrere Schiffer, Steuerleute und Einlieger. 1967 konnte Bliesenrade stolz 29 Einwohner verzeichnen. Eine alte Fähre ging nach Bodstedt hinüber.

Bliesenrade blieb auch bis in unsere Zeit hinein ein völlig vergessenes „Ende der Welt", wurde erst im Sommer 1953 an die elektrische Leitung angeschlossen. Der Arzt machte vordem Entbindungen beim Schein seiner Taschenlampe. Einmal, als auch dieses Licht nicht ausreichte, fuhr er sein Auto vor das Fenster, damit die Stube durch das Scheinwerferlicht erleuchtet wurde und bei diesem hier ungewohnten fürstlichen Licht ein kleines menschliches Wesen den Sprung in die Welt tun konnte.

Warum wir überhaupt dieses Fleckchen unserer Heimaterde erwähnen? Ganz gewiß nicht in dem törichten Ehrgeiz nach Vollständigkeit, weil sein Name auf den Landkarten steht. Das ist nur zu begreifen, wenn man einmal auf einem unserer kleinen tüchtigen Motorschiffe, die im Sommer auf den Boddengewässern verkehren, etwa von Prerow oder Zingst aus gefahren ist und diesen schmalen Landstrich mit seinen saftigen Weiden, die kaum über den Wassserspiegel herausragen, den grasenden Kühen, den wenigen Häusern liegen sah und sich vorstellen kann, wie auf dem Darß und dem Zingst der erste Grund zu dem tatwilligen, strebenden Leben gelegt worden ist, dem diese groß angewachsenen Ortschaften ihre Entwicklung verdanken. Wieviel Schönheit auch hier zutage liegt, werden nur die wenigen Menschen wissen, die es immer wieder dorthin zurückzieht.

Wieck

E s liegt wie Born nicht an der See, sondern am Binnenwasser, dem Bodstedter Bodden, der früher durch den Prerowstrom in unmittelbarer Verbindung zur Ostsee gestanden hat, also einmal ein salzreiches und fischreiches Gewässer gewesen ist. Wieck liegt dort in einer Bucht, wie es sein Name verheißt: Wieck bedeutet Bucht. Die kleinen rohrgedeckten Katen sind von weiten Wiesen umgeben, haben sich hinter Hecken versteckt. Es gibt nur eine einzige Straße, die „Hauptstraße" im Ort, außerdem wenige kleine Nebenwege und Stege. Das Dorf ist noch weiträumiger als Prerow, und das will hier etwas heißen!

Auch Wieck besaß früher gleich Born ein herzogliches Jagdhaus, von dem nur noch der Flurname übriggeblieben ist. Man spricht vom „Jagdhäuser Moor", und der äußere Zipfel des Dorfes, ein winziger Ortsteil, wird heute noch „Jagdhaus" genannt. Dieses „Jagdhaus" ist im Winter manchmal völlig abgeschnitten von aller Welt, die tiefgelegenen Wiesen zwischen ihm und dem Dorf stehen unter Wasser, der Weg dorthin wird nach langen Regenzeiten zu einem tiefen Morast. Will einer zum „Jagdhaus", muß er den überschwemmten Weg durchwaten, sind ihm die Stiefel zu schade dazu, muß er sie ausziehen, auch die Strümpfe, und versuchen, barfuß die Niederung zu überqueren. Südwestlich des Jagdhauses soll der älteste Teil der Ortschaft gelegen haben, deren Anlage der Boddenküste folgt.

An einem kleinen abgelegenen Dorfe wie Wieck kann man besonders eindrucksvoll die wirtschaftlichen Bedingtheiten verfolgen, die
den Lebenslauf jedes einzelnen von uns bestimmen. Wieck mit seinem zu den aufstrebenden Ortschaften am Nordufer des Bodstedter
Boddens gewandten Gesicht, hinter dem Walde, war ursprünglich
ein Kleinbauern- und Fischerdorf, gleich Born. Beide Dörfer zähl-
ten im sechzehnten Jahrhundert je 10 Besitzer, wie man die Bauern damals nannte, und nach der Schwedischen Matrikel um 1696
11 Vollbauern und 4 Halbbauern. Von dem Werte des Bodens, der
den Wieckern gehörte, berichtet jenes kostbare Dokument:

„Acker: Einige Sandfelder, werden nur mit Roggen besät. Bei den
Häusern werden außerdem etwas Mohrrüben angebaut. Der Acker
wird stückweise in Brache gelegt, möglichst viel aber bestellt. Ertrag reicht nicht zum eigenen Brotkorn."

Aber Weideland besitzt Wieck reichlich, im Walde und auch
am Strande. Nur das erklärt, daß jeder Bauer in Wieck damals
2 Pferde, 2 bis 4 Ochsen, 2 junge Ochsen und 2 Kühe durchfüttern
konnte, jeder Kossath 4 Ochsen und 1 bis 2 Kühe.

Einige Wiecker haben zu jener Zeit schon kleinere Fahrzeuge be-
sessen, mit denen sie Holz verfrachteten. 1725 zählte Wieck bereits
27 Schiffe, die man Schuten nannte, Barth dagegen, diese ansehnliche Boddenstadt, verfügte nur über 25 Schiffe. Unser kleines, ab-
seits gelegenes Dorf nahm auch tatkräftig am Schiffbau teil, hatte
ansehnliche eigene Werften. Wieck genoß ja neben Born den großen Vorzug, durch seine Lage am Binnenwasser geschützte Anker-
plätze für seine Frachtensegler zu besitzen. Prerow und Zingst hatten solch eine Möglichkeit nicht. Und so machte Wieck die steile
Kurve mit, die die Segelschiffahrt gezogen hat, ihren Aufstieg, die
Hemmnisse, die die napoleonische Kontinentalsperre brachte, die
Eroberung der Weltmeere, die „große Fahrt", und schließlich den
Niedergang dieser genossenschaftlich organisierten Schiffahrt, den
Zusammenbruch der Partenreederei und das Vordringen der kapi-
talistischen Schiffahrtsgesellschaften.

Wieck sank zurück in jene Ärmlichkeit, von der die Matrikel zu
berichten wußte. Wenn man jenes Dokument liest, kann man sich
vorstellen, daß gerade Wieck jenes Mohrrübenland war, für das die
Halbinsel Darß und Zingst einen gewissen Ruf genoß. Der kahle

Boden Wiecks hat gewiß auch am Ausgang des letzten Jahrhunderts über den eigenen, nicht einmal ausreichenden Ertrag an Kartoffeln kaum mehr als Wurzeln liefern können.

Noch bis in unsere Lebenszeit hinein war Wieck ein Bild der Armut. Man konnte sich einfach nicht vorstellen, daß dieses Dorf noch vor wenigen Generationen an Wohlstand Prerow weit überflügelt hatte. Wer Wieck zu Anfang dieses Jahrhunderts besuchte, fand im Dorf verfallene Katen, aus deren zerzausten Rohrdächern die Dachsparren nackt herausschauten. Immer wieder traf man auf Häuser, deren Fenster von außen zugenagelt waren. Ihre Besitzer hatten sie verlassen, weil sie die bescheidenen Grundsteuern nicht mehr aufbringen konnten. Die Heimat bot ihnen keine Lebensmöglichkeiten mehr. In jenen Jahren konnte man sich in Wieck für das sprichwörtliche Butterbrot einen alten Katen mit einem ansehnlichen, aber unfruchtbaren Landbesitz dazu erwerben.

Die Kinder in Wieck wuchsen in größter Bescheidenheit und Genügsamkeit auf, schliefen ohne Bettwäsche in Seegrasmatratzen, wurden mit Leinöl und Pellkartoffeln satt gemacht. Eine Wieckerin erzählte mir einmal aus ihrer Jugend, es sei ihr größter Genuß gewesen, wenn sie für den Vater beim Kaufmann einen Salzhering holen mußte, auf dem Heimweg heimlich am Heringsschwarz zu lutschen.

Wer das alte Wieck noch erlebt hat, versteht, daß von unserer Heimatecke früher gern als vom „Swarten Darß" gesprochen wurde. Wossidlo hat diesem Namen besondere Aufmerksamkeit geschenkt.

„De Darßer wieren 'n dulles Späukervolk, de hadden enen Dag, dor güngen se nicht to See", ließ er sich erzählen. Die Darßer Matrosen waren unter allen Seeleuten wegen ihres Glaubens an Gespenster und Hexen bekannt. „Weck von de Darßer hebben jo wat von de swart Kunst verstahn", schrieb Wossidlo auf. Es wurde ihnen auch nachgesagt, daß sie für geringere Heuer als andere Seeleute zu fahren bereit waren, über Winter auf dem Fischland einen kleinen Verdienst zu ergattern versuchten, in ihrer Not auch mit Besen von Haus zu Haus zogen.

Keines unserer Dörfer ist wie das nur durch den Darßwald von ihnen getrennte Ahrenshoop eine ausgesprochene Maler- und Künstlerkolonie gewesen. Dazu liegen sie wohl zu weit auseinander, gleichsam zu breit galagert auf der ausgedehnten Halbinsel. Keines von ihnen bietet ein so geschlossenes Bild wie das schmale Küstendorf Ahrenshoop, das sich dicht an seine Dünen hält. Ahrenshooper Künstler sind allerdings oft bei uns zu Gast gewesen. Professor Müller-Kaempff, Heinrich Schloterman und wie sie alle hießen, haben bei uns gemalt. Wieck kann sich aber darauf berufen, daß ein namhafter Maler wie Thuro Balzer dort Hausbesitzer war und jahrelang unter den Einwohnern lebte und arbeitete. Einen besonderen Anziehungspunkt bildete in Wieck das Anwesen des Malers Scheffler, der sich zuerst die alte Mühle ausbaute und innen mit Wandgemälden versah, später ein Gehöft erwarb, in dem er außer seinem Atelier in der früheren Scheune auch seine geradezu phantastische Sammlung von alten Waffen und Rüstungen sowie Seltsamkeiten aller Art, beispielsweise die kleinste Puppe der Welt und ähnliche Skurrilitäten, untergebracht hatte.

Übrigens darf sich Wieck auch der Ehre rühmen, einen der ersten Badegäste unserer Halbinsel wenigstens vorübergehend beherbergt zu haben. Wie Berg erzählt, wagte sich bereits 1854 ein „Fremder" mit seiner Familie in unsere Gegend. Er kam von Barth, reiste über Bodstedt und segelte von dort mit einem Boot nach Wieck. Sein eigentliches Reiseziel war allerdings Prerow, das er „durch den mit hohen Farnkräutern geschmückten Wald" in einem Wagen erreichte. Immerhin muß er in Wieck den ersten Fuß auf unsere Halbinsel gesetzt haben.

Wieck genoß auch um die Jahrhundertwende den Vorzug, einen weit im Umkreis gesuchten Fachmann für die Anfertigung von Holzschlittschuhen zu besitzen, der den französischen Namen De Jour trug. Für die Anrainer der Bodden waren in der langen Winterzeit Segelschlitten und Schlittschuhe oft das einzige Verkehrsmittel, das die Verbindung von Ort zu Ort und vor allem von unserer Halbinsel zum Festland aufrecht erhielt. Und die altbewährte Form der Holländerschlittschuhe, die dem Streckenlauf angepaßt war, hat sich auf dem Darß aus Gründen der reinen Nützlichkeit lange gehalten. Noch für viele Jahrzehnte ging der „Verkehr" an Wieck vorüber und sammelte sich auf Prerow und Zingst. Auch Besucher vom Fischland, die im Wagen durch den Wald fuhren oder eine Darßwanderung machten, bekamen wohl Born, aber kaum jemals Wieck zu sehen. Nur den wenigen, die Wieck besuchten, erschloß sich die Schönheit seiner Boddenbucht und seines Moors. Dieses Wiecker Moor ist auch nicht der rechte Platz für Trubel und große Reisegesellschaften. Es muß in stiller Versenkung beobachet und erforscht werden. Man sieht an seinem Rande die wenigen Bauern, die ihr Stückchen Acker mühevoll bestellen. Kraniche fliegen vor einem auf und senden ihren schrillen Trompetenton zu dem starkblauen Himmel mit seinen weißen Wolkengebilden hinauf. Der frühe Herbst schenkt dem Moor seine schönsten Farben: Das Gelb und Braun der Gräser, das helleuchtende Grün des Königsfarns, das Rotbraun des Heidekrauts und das helle rot der Glockenheide, auch des Tausendgüldenkrauts, dem das Volk eine besondere Heilkraft zuspricht. Nur wissende Augen aber entdecken das satte Blau des Lungenenzians auf seinen dünnen, starren Stengeln.

Und dieses Moor mit allen seinen Kostbarkeiten hat einmal als Ausbeutungsobjekt eines Syndikats herhalten müssen, wurde auf großen Strecken einfach geraubt und davongeschleppt.

Ein findiger Kopf war auf eine Idee gekommen, die keinen schlechten Verdienst versprach. Das geschah zu der Zeit, in der in den großen Städten Dachgärten in Mode kamen. Geschäftshäuser, sogar Warenhäuser, wollten Dachgärten für ihre Kunden und Angestellten errichten. Doch Erde wiegt bekanntlich schwer, wenn es gute Erde ist. Moorboden jedoch mit seinen rund 70% Humusgehalt wiegt leicht. So sollte das Wiecker Moor diese Dachgartenerde liefern. Arbeiter wurden angenommen, Maschinen zum Zerreißen des Moorbodens auf den Darß geschafft, Kähne zu seinem Abtransport gechartert. Die Moorschicht bei Wieck reichte einen Meter tief, darunter lag der schiere Sand. Es wurde ans Werk gegangen. Die abgetragene Moorschicht mußte einen Winter lang zum Durchfrieren liegenbleiben, ehe der Wolf darüber herfallen konnte, um sie zu zerreißen. Kähne wurden damit beladen, das Wiecker Moor begab sich auf die Reise in die Großstadt. Vor den Augen der Darßer, die sich im Schweiße ihres Angesichts auf dem kümmerlichen Sandboden quälen mußten, wurde ihre nahrhafte Erde fortgeschafft!

Dieses Geschäft erfüllte aber die hohen Erwartungen nicht. Es fehlte an den nötigen Arbeitskräften, auch erwies sich der Transport mit Kähnen als zu kostspielig. Die Sache „rentierte" sich also nicht. Man gab sie auf. Das klingt, als sei hier ein Märchen erzählt worden. Doch dieser Raubbau vollzog sich zu unserer eigenen Lebenszeit.

Erst in den letzten Jahren hat auch Wieck durch Auto- und Busverkehr Anschluß an den Badebetrieb gefunden und damit einen Ausweg aus seiner wirtschaftlichen Not. Man sieht es dem Dorf schon an, wie gut ihm das bekommt. „Malerische" Katen im alten Sinne wird man jetzt fast vergeblich suchen. Im Anblick der gepflegten Vorgärten und sauber erhaltenen kleinen Häuser tritt wieder ein Abglanz jener Zeit heraus, in der Wieck ein wohlhabendes Seemannsdorf war, so daß es heute eine Freude ist, in diesem Dorfe einzukehren.

Dem Anschluß Wiecks an den Fremdenverkehr haben wir alle viel zu verdanken, so auch die Konditorei von Nauschütz, deren Pflaumenkuchen sogar Prerower Gäste verlocken konnte, einen Ausflug nach Wieck zu machen. Diese Gaststätte übernahm eine sehr wichtige Aufgabe für die Einwohnerschaft. Vor ihrer Tür hing, genauso wie vor dem „Weißen Hirsch" in Born, eine rote Fahne, wenn dem durchfahrenden Landarzt anzusagen war, daß irgendwo im Dorf ein Kranker um seinen Besuch bat.

Wieck hat eine lange Vergangenheit, die nicht vergessen werden darf. In der Nähe seines alten Jagdhauses lag einmal eine jungsteinzeitliche Siedlung. Auf den Äckern sind heute noch Werkzeuge jener frühen Kulturstufe zu finden. Sobald das Land nach der Ernte umgegraben wird, treten Funde offen zutage. Rundkratzer, Feuersteinklingen, sogenannte prismatische Messer, herzförmige Pfeilspitzen. Mitunter liegt auch ein Seeigel mitten zwischen diesen Artefakten, so daß man annehmen darf, daß steinzeitliche Menschen solche Versteinerungen vom Strande zu ihren Wohnstätten mitnahmen, weil sie ihnen irgendeine Bedeutung zusprachen.

Im Laufe der letzten Jahre hat Müllermeister Pahnke in Wieck eine ansehnliche Sammlung dieser steinzeitlichen Werkzeuge geschaffen, um deren Vervollständigung er unermüdlich bestrebt ist. Er zeigt einen Schatz allen, die dafür aufgeschlossen sind, und bemüht sich, unter unseren Gästen Verständnis dafür zu wecken, daß heimatliche Bodenfunde keine Reiseandenken sein dürfen, die in alle Winde zerstreut werden, sondern der Heimat erhalten bleiben müssen, und daß wilde Sammelleidenschaft nicht zu einem rücksichtslosen Zertrampeln der Äcker und ihrer Saaten führen darf. Pahnkes lebendiges Werben für sinnvolle Heimatpflege vermag mehr zu erreichen, als manches gedruckte, mahnende und belehrende Wort. Mögen in unserer engeren Heimat mehr Menschen heranwachsen, die in seinem Sinne werken und wirken!

Prerow

Die Prerower haben „den Strand", und zwar einen herrlichen Strand. Breit, ausgedehnt, mit feinkörnigem Sand ohne Steine liegt er vor uns, gilt als der beste und schönste Strand der ganzen Ostsee. Flach neigt er sich gemächlich zum Wasser hinab. Der geschwungene Bogen der Landzunge Darßer Ort enthebt die gerade ostwestliche Strandlinie der Einförmigkeit. Es hat einen guten Grund, daß Prerow der bevorzugte Badeort für kinderreiche Familien und Kinderheime geworden ist.

Nicht nur dieser köstliche Strand, auch die Lage Prerows zwischen der Ostsee auf der einen Seite und dem Bodden auf der anderen hat einen besonderen Reiz. Dazu gesellen sich tiefer Wald, weite Heideflächen, die Moore, die Wiesen an den Binnengewässern. Und alles ist eingehüllt in ein weiches insulares Klima. Unsere Winter sind mild, doch oft von starken Stürmen heimgesucht. Der Frühling kommt spät. Der Sommer ist überall an der See kurz und kühler als im Binnenlande, dafür der Herbst herrlich lang und warm. Der große Wald bietet Schutz vor den starken, vorherrschenden Westwinden, mildert das Klima; die Luft ist feucht und rein und wirkt entspannend auf die Menschen der Großstadt. Trotzdem übt sie keinen zu starken Reiz aus, der eine wirksame Erholung beeinträchtigen könnte.

Der Ort wurde nach dem „Strome" genannt, der zur See strekkenweise parallel läuft und jetzt noch südöstlich mit dem Bodden zusammenhängt, so wie er nordwestlich in die Ostsee mündete, ehe er nach der großen Sturmflut von 1872 zugeschüttet wurde. Das Dorf ist vom Strande durch den Prerowstrom und durch ein schmales Wäldchen, das kurz hinter den Dünen beginnt, getrennt. Der Strom wird von zwei einfachen Brücken und einem festen aufgeschütteten Übergang überquert, über den der Hauptweg zum Strande führt.

Wenn wir dem Dünenwalde nach Osten folgen, liegt die Hohe Düne vor uns, Prerows höchste Erhebung, die an Sommertagen dem Anreisenden schon von weitem wie ein schneebedeckter Gipfel entgegenleuchtet. Von dieser Hohen Düne aus schaut man weit über die See und den breiten Strand bis zum Leuchtturm von Darßer Ort, südlich über unser Dorf mit seinen Gehöften von Krabbenort hinweg, folgte dem gewundenen Prerowstrom, der Boddenlandschaft mit ihren Inseln und Ufersäumen. An klaren Tagen kann man Hiddensee mit Dornbusch und Leuchtturm, sogar manchmal die Insel Möen sichten. Vom Festland grüßt der stämmige Barther Kirchturm herüber. Es gibt auf unserer ganzen Halbinsel keinen anderen Ort, der uns einen gleich einprägsamen, in seiner wechselvollen Schönheit gleich unvergeßlichen Überblick über dieses von der Natur so reich bedachte Stück Heimaterde schenken kann. Über die Entstehung dieser Hohen Düne, die als Wahrzeichen Prerows angesehen werden kann, gehen die Meinungen der Fachleute noch immer auseinander. Lassen wir uns also vorerst mit ihrem Dasein an sich genügen!

Die Prerower Häuser liegen nicht eng aneinandergedrängt beisammen, sondern einzeln inmitten grüner Wiesen, oft versteckt hinter hohen Hecken, unter alten Bäumen. Sie tragen noch vielfach das tief herabgezogene Rohrdach, unter dem sie sich im Winter vor den kalten Stürmen verkriechen, sich ducken können; ihre Wände sind bunt gestrichen, oft ist auch die Haustür mit heimatgebundenen Malereien und Schnitzereien verziert.

Die Straßen sind breit. Vor allem die „Grüne" Straße, die ihren Namen völlig zu Recht trägt. Das Dorf bekommt etwas Großzügiges durch seine Weiträumigkeit. Aber an heißen Tagen und

wenn man wenig Zeit hat und kein Fahrrad besitzt, kann man wegen dieser Ausgedehntheit verzweifeln. Auch andere Straßen haben bezeichnende Namen. So führt die „Bergstraße" vom Strande ab zum Berge hinauf, wie der höhere Teil des Dorfes heißt, nämlich die alten ehemaligen Dünen in den Schmiedebergen und dem Butterberge. Die „Hafenstraße" läuft zum Hafen. Die „Lange Straße" ist die längste des Ortes. Sie erstreckt sich durch das ganze Dorf. Die „Strandstraße" weist die Richtung zum Strande, die ehemalige „Schützenstraße" zeigt an, wo der Schützenzug beim Schützenfest entlangzog. Die Buchenstraße hieß einst „Wurzelweg", die Waldstraße „großer Mittelweg" (De grote Middelweg), im Gegensatz zur Hülsenstraße, dem „kleinen Mittelweg".

Die ersten Wege entstanden auf den alten Dünenrücken, den Reffen, während die Wiesen und das Ackerland in den tiefgelegenen Riegen liegen, also feuchter und fruchtbarer sind. Davon zeugen noch die Flurnamen: „Schmiedeberge", „Remel" (Erhebung), „Stems" (Vertiefung), „Krugberg".

So ist die Dorfanlage Prerows bodenbedingt. Der älteste Ortsteil ist der „Drümpel" (Haufen), er ist ein Rundling, liegt in der Gegend der Apotheke. Später entstanden „Krugberg" bei der jetzigen Sägemühle, wo früher das alte Dorfgasthaus, der Krug, stand,

und „Krabbenort", das seinen Namen noch aus der Zeit trägt, zu der, als noch die Verbindung des Stromes mit der See bestand, viele Krabben gefangen wurden.

Nachdem die höheren, günstig nahe dem Hafen gelegenen Stellen besiedelt worden waren, dehnte sich Prerow nach Westen hin aus, und später, als der wachsende Badeverkehr die Nähe der See suchte, auch der Ostsee zu. So entstand die Ostwestausdehnung der Ortschaft parallel zur See. Nur wenige Querstraßen durchschneiden die Hauptstraßen von Norden nach Süden.

*

Früher stand in dem Ilexgebüsch, Hülsenstrauch genannt, an der Ecke Hülsenstraße und Waldstraße eine Figur, die die ersten Prerower Badegäste dem Ort zum Andenken geschenkt hatten. Mehrere Jahre wurde sie aus irgendeinem Grunde in einen Winkel verbannt, bis sie im Heimatmuseum wieder einen Platz fand. Der Spruch darunter heißt:

„Gott in Deiner Güte Prerow stets behüte!"

1880 kamen die ersten Badegäste nach Prerow. Prerow war seit dem Abklang der Segelschiffahrt, die der Haupterwerb der Prerower gewesen war, verarmt. Ein Prerower Gastwirt Scharmberg hatte den Gedanken gefaßt, Prerow zum Badeort zu machen und dadurch einen Ausgleich für die entschwundenen Erwerbsmöglichkeiten zu schaffen.

Schwierig war zunächst die große Abgelegenheit unseres Dorfes. Die ersten Badegäste, 80 an der Zahl, kamen auf Leiterwagen an. 1881 hatte Prerow schon 220 Badegäste, 1882 etwa 335. Um 1893 herum pachtete Abs, der Besitzer des Strandhotels, das damals „Hotel Bellevue" hieß, einen Teil des Waldes um Hagens Düne und errichtete darauf ein kleines Warmbad, das Badewasser dafür wurde aus dem Strom genommen. Als 1910 eine Eisenbahn nach Prerow gelegt wurde, stieg die Besucherzahl immer mehr.

Bald stand in der Ferienzeit kein Bett mehr frei, ja, die Zimmer wurden sogar schon im Dezember für den kommenden Sommer vergeben. Die Einheimischen krochen in die Stallstube zusammen. Oft wurde auch diese noch vermietet, und sie hausten auf dem Heuboden, in einer Laube oder in einem Schuppen. So stellte allmählich der Badeverkehr den Haupterwerbszweig der Prerower dar.

1880 hatte Prerow 1580 Einwohner gezählt, darunter 29 Seeschiffer, 5 Küstenschiffer, 20 Jachtschiffer. Jetzt wurden aus den älteren Schiffern Pensionswirte. Neue Geschäfte wurden im Dorf aufgemacht, am Strande Badeanstalten erbaut: ein Damenbad, ein Herrenbad und ein Familienbad. Natürlich für die damalige Zeit in gebührendem Abstand voneinander.

„Das Verweilen der Herren bei dem Damenbad während der Badezeit ist streng verboten", stand noch vor jetzt 50 Jahren auf einer Tafel neben der Badeanstalt.

Ebenso komisch wie die getrennten Badeanstalten wirken heute auf uns die Badevorschriften vom Jahre 1911: „Man darf nicht erhitzt, nicht mit vollem, aber auch nicht mit leerem Magen baden. Man soll schnell in das Wasser – am besten Kopf voran – hineinspringen. Zu empfehlen ist die ganze Einhüllung des Körpers in einen Bademantel, wenn man von der Zelle nach der Treppe und zurück geht.

Die Abtrocknung, überhaupt des Kopfes, muß ganz energisch gehandhabt werden, sonst kann es Kopfschmerzen, Schwindel, Neuralgie und Zahnschmerzen geben."

Wer lächelt darüber nicht?

„Falls sich nach einigen Tagen Schlaflosigkeit, Nervenüber-
reizung, stärkerer Durchfall einstellt, so sind die Bäder auszu-
setzen, im letzteren Falle solange, bis die Darmtätigkeit wieder
geregelt ist."

1895 wurde auch eine große Anlegebrücke für Segelboote gebaut, die inzwischen ebenso wie die Badeanstalten ein Raub der
Wellen geworden ist. Heutzutage wird jeden Frühling ein kleiner schmaler Segelsteg für die „Möve" errichtet, die zur Bernsteininsel und nach Zingst und Ahrenshoop fährt. Im Spätherbst wird
der Steg wieder abgebaut, ehe er von den Stürmen und Wellen zerstört werden könnte.

Aber der Sommer an der See ist kurz, kürzer als im Binnenlande.
Also ist auch die Zeit des Geldverdienens kurz. Daher reicht das
im Sommer verdiente Geld meist bei größter Sparsamkeit nicht
für den ganzen Winter. Im Herbst können wohl die notwendigsten
Anschaffungen gemacht werden. Im Winter aber, wenn das Geld
knapper geworden ist, muß oft sogar geknausert werden, weil es
bei uns leider kaum andere Erwerbsmöglichkeiten gibt.

Mit diesen Verhältnissen hängt es zusammen, daß der Darß im
allgemeinen eine verhältnismäßig alte Bevölkerung aufweist: Für
die Jugend ist keine Arbeit vorhanden, sie muß abwandern.

Daran liegt es auch, daß wir nur wenigen Umsiedlern eine neue
Heimat bieten konnten. Wohnraum war vielleicht mehr vorhanden als an anderen Stellen, weil Prerow für die Fremden viele, aber
wiederum nur für den Sommer geeignete Zimmer bereitgestellt
hat. Ein kleiner Kreis fand Arbeit bei der Harzerei und der Fischerei, mancher noch eine Saisonstellung im Badebetrieb.

Die große Abgelegenheit des Dorfes und die früher sehr schlechte Straße, die mitunter kaum für Autoverkehr brauchbar war, haben aus Prerow nie ein „Modebad" werden lassen. Nie haben wir hier die Auswüchse erlebt, wie sie in manchen großen Bädern die Regel waren. Prerow fand zu allen Zeiten Gäste, die nicht die Großstadt mit ihren Vergnügungen in die Erholungszeit hineinschleppen wollten, die nach Natur und natürlichem Leben verlangten, die sich am Strande tummelten wie Kinder und mit ihren Kindern durch den Wald streifen wollten, die Prerow so lieb gewannen, daß sie möglichst jedes Jahr wiederkamen. Heute ist Prerow eines der beliebtesten Bäder des FDGB.

*

Wir Einheimischen fahren nicht oft mit dem Dampfer. Im Sommer haben wir keine Zeit, und im Frühling oder Herbst benutzen wir lieber den Bus, um unsere notwendigen Besorgungen rasch zu erledigen.

Aber die Gäste, die nichts jagt und die viel sehen wollen, wählen zur Anfahrt gern von Barth aus den Dampfer, der sie gemächlich durch die reizvolle Bodden- und Stromlandschaft führt. Erst durch den breiten Bodden mit seinem zarten hellgetönten Aquarellfarben, Sturm- und Lachmöwen folgen schreiend dem Schiff, lassen sich tief auf das Wetter herab, um sich die Bissen zu holen, die Kinder ihnen zuwerfen. Durch die Brücke, deren Mittelstück sich einladend öffnet, um den hohen Schornstein des Dampfers hindurchzulassen, geht die Fahrt. Westlich auf der Bliesenrade zu ist das Wasser oft von vielen Schwänen eingesäumt. Dann rahmen Rohrufer den schmalen Strom ein. Wellen drängen sich in das grüne Rohr. Fischreiher bleiben unbeweglich stehen, fürchten sich nicht. Sie haben sich an den Anblick des kleinen Dampfers gewöhnt.

Kurz vor der hohen Düne ist neben einem einsamen Anwesen eine kleine Kirche zu sehen. Sie wurde von einer seltsamen Sekte dort gebaut, von der noch heute die wunderlichsten Gerüchte im Umlauf sind, gebaut an derselben Stelle, wo die Reste der alten Hertesburg liegen. Der einstige Sitz der alten Hertesburg wird „Slot" oder „Slat" oder auch „Schlat" genannt.

Aus überlieferten Haushaltsrechnungen und aus der Barther Chronik erfährt man, daß die Fürsten Witzlaw III. (1302–1325) und Sambor von Rügen viel auf der Hertesburg gewohnt haben, die damals den Rügenschen Fürsten unterstand.

„Man weiß würklich, daß sowohl die eingeborenen Rüganischen Fürsten und ihre Nachfolger beyde in dem Lande Darß ihre vornehmste Wildbahn gehabt; so daß man daher glauben möchte, es wäre die Hertes- oder Hertzburg ihr dortiges Jagdhaus gewesen, welches sie von den Hirschen, der vornehmsten Art des Wildes, also benahmen wollten." So schrieb Professor Schwartz-Greifswald 1745 über jene Zeit.

1325 starb das Rügensche Fürstenhaus aus, die Pommern erhielten beim Frieden von Stralsund 1354 das Rügensche und das Barther Land und sollten die Hertesburg zerstören. Sie sollten sich verpflichten, keine Feste und kein Schloß mehr „up de Prerow und dem Darz" anzulegen. Die Hertesburg diente vor allen Dingen als Zollstelle, die die Einfahrt nach Barth überwachte; damals war der Strom noch mit der See in breiter Verbindung und die Burg vermutlich mit einigen Vorwerken, die näher an der Mündung des Stroms in die See lagen, hatte einen günstigen Platz. Ob die Hertesburg nicht zerstört worden war oder später wieder aufgebaut wurde, wissen wir nicht. Sie diente jedenfalls nach wie vor als Zollhaus und Jagdhaus.

Im 15. Jahrhundert scheint die Hertesburg noch eine andere abenteuerliche Rolle gespielt zu haben. Seeräuber sollen auf dieser für Angriff und Verteidigung gleich günstigen Stelle gehaust haben, um sich hier von ihren Beutezügen auszuruhen und wüste Gelage zu feiern. Nahe dem Darßer „Urwald" mit seinen guten Verstecken und durch den Strom gleichzeitig mit dem Meere und dem Bodden verbunden – besser konnten sie es nicht finden! 1402 wurde Störtebeker, der Anführer, hingerichtet. Er und sein Genosse Godeke Michel sollen Bauernsöhne aus unserer Gegend gewesen sein. Wohl aus einem Gemisch von Abenteuerlust und Gerechtigkeitsgefühl haben die „Likedeeler" (Gleichteiler) ihr Wesen getrieben. Der Sage nach hat Störtebeker sich als letzte Gnade vor seiner Hinrichtung erbeten, denen seiner Genossen das Leben zu schenken, an denen er – enthauptet – noch vorbeigehen könnte. Durch seine Willenskraft wäre er tatsächlich noch an einigen seiner Gefährten vorbeigewankt. Ob Störtebeker selbst auf der Hertesburg gewohnt hat, ist äußerst fraglich, aber als Unterschlupf gedient hat sie damals zweifellos. Die Barther Chronik schreibt im Jahre 1464:

„Die Seeräuberei stand in Blüte … Im Oktober gelang es den Stralsundern, drei Seeräuber auf dem Gebiete von Barth samt dem herzoglichen Vogt von der Hertesburg, der sie begünstigte und bei sich aufnahm, einzuholen, sie gaben ihnen den verdienten Lohn." Diese Urkunde ist der Anlaß zur Annahme, daß die Hertesburg einst ein Seeräuberschloß war.

Auch die Matrikelkarte vom Jahre 1692 bis 1698 weist auf das Seeräuberunwesen hin und berichtet über die „Slottwische":

„N. Hasenberg, die Ruinen einer alten Burg, nach einem Seeräuber Hase, der sie gebaut hat, genannt. Die Lübecker haben die Burg einmal belagert, aber nicht erobern können. Die Schloßmauer ist rund und sechs Ziegelsteine, der Länge nach, dick. Außerhalb der Mauer ein Graben, vor diesem ein Wall und darum ein zweiter etwa quadratischer Graben, mit doppeltem Ausfluß, nach der See wieder zugewachsen, und nach dem Prerowstrom."

Noch im 16. Jahrhundert wird von der Hertesburg gesprochen. Sie geriet nach und nach in Vergessenheit, ihre Mauern verfielen immer mehr. Die brauchbaren Steine wurden in die Nachbardörfer geschleppt und für Hausfundamente verwendet.

1720 wird sie noch einmal in einer Urkunde erwähnt. Da handelt es sich um eine Schenkung des Königs von Schweden an das adlige Frauenstift in Barth, zu der auch die Überreste der „Herzburg bei Prerow, alllwo etwas Heu zu werben sei", gehörten.

*

Im Herbst 1953 feierte unsere Prerower Kirche ihren 225. Geburtstag. Sie ist eine echte, alte Seemannskirche.

Neben den gestifteten Kronleuchtern hängen Modelle von Segelschiffen. Im Norden die „Teutonia", die 1850 von Kramer aus Zingst gebaut wurde. In der Mitte die „Germania", die Karl Bohn aus Wieck in zehnjähriger Arbeit vollendete und der Kirche schenkte. Im Süden die „Peter Kräft", die Peter Kräft aus Prerow schnitzte und 1780 aus London, wohin er gezogen war, in seine alte Heimat schickte. Sie ist ganz aus Mahagoniplatten gearbeitet. Über dem Eingang zur Kirche erzählt eine farbige Tafel, die Christus über

den Wellen schwebend zeigt, von einer Stunde in größter Seenot. Sie
wurde von dem Vater eines bei Prerow ertrunkenen dänischen Matrosen gestiftet. Zwei Segelschiffe in Glaskästen hängen an der Süd-
wand. Aller Schmuck weist auf die Seefahrt hin, von der in früheren Zeiten das Leben der Darßer abhing und auch meist ihr Sterben.

In dem „Darßer Krippenspiel", das seit vielen Jahren am dritten
Advent von Kindern des Dorfes in der Kirche gespielt wird, bringen die Darßer Kinder dem Christkinde in der Krippe den kost-
barsten Besitz, den ihre Heimat ihnen bietet: Muscheln und Immortellen von ihrem Strande, während der kleinste Engel ihm ein
Lied auf seiner Geige vorspielt. Auch hier – wie überall – bildet
das Meer den ewigen Hintergrund unseres Lebens auf dem Darß.
Darum bittet auch heute noch wie ehedem der Pastor bei jedem
Gottesdienst: „Bewahre uns vor der Sturmflut!" Und bei der Auf-
zählung der Fürbitten betet er an erster Stelle um Schutz für die
Seefahrenden.

Prerow ist das älteste Kirchdorf des Darß'. Ehe diese Kirche gebaut wurde, stand weiter östlich eine Kapelle. Sie war vom Orte
Prerow durch den Strom getrennt, gehörte also zur Insel Zingst,
während Prerow zur Halbinsel Darß gehörte. Sie wurde von den

Zingstern ebenso wie von den Wieckern und Bornern besucht. Die Kapelle wurde auf dem Zingst gebaut, weil die Mönche, die zu jener Zeit die kirchliche Betreuung zu übernehmen hatten, dort Grund und Boden besaßen.

Die Prerower Kirchgänger mußten mit einer Fähre über den Strom zur Kirche übersetzen. Die Fahrt mit dem Kirchenboot kostete ½ Schilling. Einmal sank das zu schwer beladene Boot, 17 Personen konnten sich retten, aber der Fährmann ertrank.

Suckow erzählt in seinen „Winterlichen Reisebildern vom Darß und Zingst" aus dem Jahre 1831 sehr ergötzlich über die Fahrten zur Prerower Kirche:

„... Es verlohnt sich wohl der Mähe, die andächtigen Seeleute, welche den lieben Gott mehr fürchten und ehren, da sie auf dem wilden Element seine Güte und Größe demütiger erkennen, zum Orte des Herren wandeln zu sehn. Die Prerower Kirche liegt auf dem Zingst, und die Andächtigen dieses Ortes müssen erst über den Prerower Strom fahren, um in das Gotteshaus zu kommen. So schiffte denn auch ich mich mit einer guten Fracht von festlich gekleideten, rotwangigen Schiffermädchen und hochstämmigen Seefahrern ein und landete ohne Havarie auf dem Zingst. Die Überfahrt geschieht auf einer Fähre, die aber wegen des seichten Ufers an dieser Stelle nicht völlig landen kann. Man hat diesem Übelstand dadurch abhelfen wollen, daß man auf beiden Seiten des Stroms kleine Anlegebrücken mit Treppen baute. Entweder hat aber die Breite des Stromes nach der Hand noch mehr abgenommen, oder man hat bei dem Bau sparen wollen: genug, beide Brükken, besonders die auf dem Zingst, sind um einige Joch zu kurz, und wenn der Wind vom Lande weht und das Wasser des Stroms fällt, so kann die Fähre die Norder-Brücke (die auf dem Zingst) nicht erreichen und muß fast eine Bootslänge davon bleiben. Nun müssen die armen Kirchgänger, wenn sie ausgestiegen sind, förmlich durch einen Morast waten, den der zurückgetretene Strom am Ufer hinterlassen, und sie kommen mit nassen Füßen in der Kirche an. Dies ist wirklich ein großer Übelstand und trifft am härtesten die zarten Frauen ..."

Die frühesten Prerower Pastoren waren Laienprediger. Als ersten nennt das Kirchenbuch Peter Hankau. „Er war ein alter Mann, auf Krücken gegangen und seines Handwerks ein Schneider gewesen." Er soll von 1536 bis 1560 in Prerow gepredigt haben. Auch sein Nachfolger war Schneider, Vierckau mit Namen. Danach amtierten ausgebildete Pastoren.

Die kirchlichen Aufzeichnungen gehen bis zum Jahre 1589 zurück. Das Kirchenbuch wurde 1682 von Pastor Bernhard Lüschow angefangen. Es ist eins der ältesten in Pommern und berichtet nicht nur von Taufen, Trauungen, Sterbefällen, sondern auch von der Fischerei, der Seefahrt, von besonderen klimatischen Erscheinungen. So können wir uns ein gutes Bild vom Wechsel ungünstiger feuchter Jahre und trockener, von den Hochwassern, den Sturmfluten machen. Wir lesen im Kirchenbuch:

„Auf die naße Erndte des 1783. Jahres folgte ein ziemlich guter Herbst bis zu der Mitte des Decembr. Am 17ten Decembr aber schlug es zum Frost und hatte es am 26t als am 2t Weihnachtstage schon so stark gefroren, daß die Kirch Leute schon über den Strohm gehen konnten …"

„Im März (1784) kam zwar kein so häufiger Schnee, aber die Kälte dauerte noch mit vieler Heftigkeit fort, so daß die Kirchleute am Marientage, den 25. März, über den Strom gehen konnten."

„1691 bis Himmelfahrt dauernde grimmige Kälte; wegen Futtermangels kommt viel Vieh im Lande um; der Sommer ist sehr dürr; bis Bartholomäi (24. August) kommt kein Regen;" Jahre des Hungers schließen sich an solche Zeiten der „Dürre" an.

1779, 1780, 1781 wird von Dürre berichtet. 1780 ist es so dürr, daß das Korn nicht aufgeht.

1783 und 1784 versanden Wiesen und Weiden bei der anhaltenden Dürre.

Von 1785 und 1786 wird sogar erzählt, daß wegen der grimmigen Kälte im Winter und Frühling die Ernte so geringfügig war, daß Korn aus Lübeck und Berlin gegen hohe Preise eingeführt werden mußte.

Von Krankheiten erzählt das Kirchenbuch, daß 1629 die „Pest grassirte" und in diesem Jahre 134 Darßer starben, während im Jahre vorher nur 9 gestorben waren. Außerdem berichtet es, daß 1793 die Blattern herrschten, ferner Brustkrankheit, 1849 die Cholera. Nachher verzeichnet es ein Ansteigen der Todesfälle auf See.

Immer wieder heißt es: „Zur See geblieben", „über Bord geschlagen", „auf Deck gestürzt". Häufig stehen beeidigte Aussagen von Augenzeugen dabei. Wir hören auch, daß die Leichen vieler Seeleute an unseren Strand gespült wurden, von denen man weder Namen noch Herkunft kannte.

Im 16. bis 18. Jahrhundert machten die Pastoren gelegentlich persönliche Bemerkungen über die Gestorbenen. Köstlich heißt es von der „Sauf-Marie" im Jahre 1743: „wurde die alte Marie Kräffts mit dem Beinamen die Sauf-Marie ohne Gesang zur Erde bestätigt. Dreißig Jahre zog sie mit Lügen und Trügen und Saufen herum, bis sie am kalten Brand starb".

Das alte Pfarrhaus lag an der Stelle, wo jetzt die Pumpe ist. Damals standen also das alte Pfarrhaus und die alte Kirche näher zusammen. Es war von Pastor Schulz erbaut worden, dessen Vorgänger Joachim Gottfried Dankwardt war, der Hauslehrer und spätere Freund Ernst Moritz Arndts. Er amtierte von 1813 bis 1825 in Prerow und wird in dem seinerzeit viel gelesenen Roman „Nach 20 Jahren" von Galen genannt, der zum großen Teil in Prerow spielt.

Die erste Kirche lag vermutlich tiefer als die jetzige, denn es wird berichtet, daß sie bei der Sturmflut von 1694 ½ Elle unter Wasser stand. In dem ersten Drittel des 18. Jahrhunderts, von 1726 bis 1728, wurde die neue Kirche gebaut, weil die alte zu klein geworden war. Das war zu der Zeit, in der der Darß nach der harten Dänenherrschaft wieder unter schwedische Oberhoheit gekommen war. Die Kirche wurde zuerst aus Fachwerk errichtet und erst nach und nach mit Stein ausgebaut. Jetzt ist nur der Turm noch aus Holz. 1728 wurden die erste Taufe und die erste Beerdigung in der neuen Kirche vorgenommen durch Pastor Martin Henrici, dessen Bild an der Südseite – dem Haupteingang – neben der Taufkapelle hängt.

Die Kirche erfreut sich einer besonderen Schönheit, an der keiner achtlos vorübergehen sollte. Das ist die barocke runde Taufkapelle, die frei an der Südostseite wie ein kleiner Pavillon steht, mit Holzschnitzereien geschmückt, aus denen der gesunde Sinn des Landes spricht, in vollen, satten Farben bemalt. Sie stammt von einem Stralsunder Meister. Auch ein Stralsunder, der Meister Elias Keßler, hat den Kanzelaltar geschaffen, dessen Stil einen Übergang von der Renaissance zum Barock darstellt.

Am 9. Februar 1749 barst plötzlich bei der Beerdigung der „alten Kirchhofschen" eine kleine Glocke, die wahrscheinlich noch aus der katholischen Zeit stammt. Vermutlich wurde sie daraufhin umgegossen, denn sie läutet noch heute über unser Land. Ihr Name ist Maria Anna. Bald darauf wurde auch die große Glocke schadhaft; sie wurde erneuert, mußte aber im ersten Weltkriege 1917 abgegeben werden.

Eines Tages war auch der Kirchenraum durch sein Alter so unansehnlich geworden, daß eine gründliche Erneuerung unerläßlich war. Gewiß keine Kleinigkeit, solch eine Aufgabe durchzusetzen, denn wir befanden uns gerade in der Hitlerzeit. Unter Leitung des Borner Architekten Hopp wurden Altar und Kapelle renoviert, dem Kirchenraum ein neuer Anstrich gegeben, die vom Staub der Zeit beschädigten Schiffsmodelle überholt. Alle Arbeit ist ausschließlich von einheimischen Handwerkern ausgeführt worden, der Darß hatte es nicht nötig, für diese verantwortungsvolle Aufgabe Fachleute aus den Städte hinzuzuziehen.

Auch diese Kirche war zunächst noch durch den Strom von Prerow getrennt. 1837 wurde eine Holzbrücke mit zwei Zugklappen über den Strom gebaut, die erhebliche Unkosten beim Bau und in ihrer Unterhaltung machte. Durch die große Sturmflut von 1872 wurde diese Brücke schwer beschädigt, einige Jahre darauf wurde sie abgebrochen und ein fester Damm über den Strom aufgeschüttet, der noch heute die „Brücke" genannt wird.

Wie die alte Kirche zu klein geworden war für die wachsende Gemeinde, reichte auch der Kirchhof nicht mehr aus und mußte mehrfach erweitert werden. Bei der letzten Vergrößerung 1885 durch Pastor Hückstädt wurde der sogenannte „Kellerbarg" abgetragen. Dabei traten starke Grundmauern zutage, außerdem wurden zwei Kanonenkugeln – eine steinerne und eine eiserne –, ein silberner Sporn und Ziegelsteine gefunden.

Die herrliche alte Eibe, die jetzt noch im Pfarrgarten steht und die man auf über 600 Jahre schätzt, wird nirgends im Kirchenbuche erwähnt. Der besondere Reiz unserer Prerower Kirche liegt in ihrer dem Dorf völlig entrückten Lage. Die wenigen Häuser, die sie einstmals umstanden, riß die Sturmflut von 1625 mit. Und der Weg, den man früher im Boot, heute auf festem Land über die

„Brücke" oder den langen Deich zurücklegen muß, ist ein echter, dörflicher Kirchgang.

Unser Dorf hatte Glück mit seinen zugezogenen Fremden, den sogenannten „Forensen", die sich Prerow zum Ruhesitz auswählten oder hier ein Sommerhäuschen kauften. Bei uns bauten sie keine villenartigen Landhäuser, die nicht in die Landschaft passen, sondern erwarben alte Katen, die sie mit einfachen Möbeln ausstatteten. So kam es allmählich zu dem erstaunlichen Zustand, daß die meisten alten typischen Darßhäuser den Zugezogenen gehörten, während die Alteingesessenen den städtischen Stil vorzogen und oft häßliche Anbauten machten, um mehr Raum zum Vermieten zu schaffen. Erst langsam brach sich wieder – gerade durch die Zugezogenen – das Verständnis für die Schönheit der alten Bauweise Bahn. Durch diese Fremden wurde Prerow schneller bekannt. Mehr noch haben einzelne Künstler für seinen Ruf als Badeort getan, deren Bildern den Städtern die Augen für seine bevorzugte Lage und die unerschöpfliche Vielfalt seiner Natur öffneten.

Da ist in erster Linie Louis Douzette zu nennen, der „Mondscheinmaler". Er wurde 1834 in Triebsees geboren, wählte, nachdem er den weiten, dornigen Weg vom Malerhandwerk über Abendschule bis zur künstlerischen Ausbildung mit Studienreisen nach den Niederlanden und nach Paris durchschritten hatte,

Barth zu seiner Wahlheimat. Er gehörte aber so fest zu Prerow, das er immer wieder aufsuchte, daß die Dorfkinder einen Vers auf ihn gemacht hatten. Sie sangen:

„Ist das hier nicht Dörings Haus?
Kommen da nicht drei Maler raus?"

Die alte Prerowerin, die mir das erzählte, wußte nur noch, daß der eine dieser Maler Louis Douzette war, der andere dessen Lehrer Eschke, den dritten konnte sie nicht mehr nennen. Sie war eine Spielgefährtin der Kinder Douzettes und bewahrt viele Erinnerungen an den bedeutenden Künstler, den die Berliner Nationalgalerie durch den Ankauf des Bildes „Alt-Prerow" ehrte, dessen Werke noch rundum im Lande in Familienbesitz zu finden sind. Wir können ihnen auch in dem prachtvollen Heimatmuseum der Stadt Stralsund begegnen. Besonders bekannt wurde Douzettes Bild von einer einsamen Kiefer auf einer Prerower Düne. Der „Mondscheinmaler" hat in immer neuen Versuchen von hohem koloristischen Wert die geheimnisvolle Nachtstimmung unserer Boddenlandschaft festgehalten.

Nach dem ersten Weltkriege entstand in Prerow eine kleine Künstlerkolonie, die unser dörfliches Leben in vieler Beziehung bereicherte. Zu diesem Kreise gehörten Maler wie der Hamburger Fritz Kronenberg, der Münchner Hermann von Glass, der sich in der Hohen Straße das Haus von D'Alton-Rauch kaufte, die Berliner Hesto Hesterberg und Otto W. Luke. Zu den Malern kam der Musiker Ernst Duis, der Kammermusikabende mit alten Instrumenten veranstaltete, die noch heute in dankbarer Erinnerung fortleben. Im Café Wirtz auf der Waldstraße, in dessen Räumen jetzt Kinovorführungen stattfinden, wurde ein Künstlerkabarett gegründet. Dem Hamburger Schauspieler Gustav Knuth folgten die Leute vom Film. Dr. Ulrich Kayser von der Ufa wurde Hausbesitzer in Prerow ebenso wie der Kameramann Friedl Behn-Grund. Alfred und Dagmar Bothas drehten bei uns ihre unübertrefflichen Darßfilme, später fuhren sie in die Südsee. Die Grüne Straße hatte damals den Charakter einer Künstlerstraße. Auch der Maler Friedrich Schiller wohnte dort.

Nach den Jahren des letzten Krieges, des Grauens, der Bombennächte der Großstadt Berlin hatte der Maler Schaefer-Ast in Prerow versucht, Ruhe, Geborgenheit und Sammlung zu neuer Arbeit zu finden. Wie sehr er sich in diesen kurzen Jahren, die ihm blieben, in den Darß eingelebt hatte, zeigen alle seine Skizzen und Malereien aus der damaligen Zeit. Die „Darßer Hunde", die Rohrdachkaten spielen eine Rolle darin, auch das kleine Kirchlein am Strom neben der alten Hertesburg, die Wisente auf der Maase. So gehört er – obwohl kein gebürtiger Darßer – auch uns. Schaefer-Ast hat es in seinem Leben schwer gehabt, in manchen Augenblicken wurde es ihm fast zu schwer. Mit einem Wort der Selbstironie oder einem bitteren Scherz fand er sich stets wieder zurecht. Das Humorvolle, ja Sarkastische, das wir von ihm besonders auf Postkarten und Plakaten kennen, brauchte er als Gegensatz zu dem Feinen, Stillen, Zarten, für das dieser Mann ein ungewöhnliches Verständnis zeigte. Die Schneeglöckchen, die Veilchen, die Entlein mit ihrem goldigen Flaum, der Rittersporn, die Raupenpuppen, die Schaefer-Ast in feinen Strichen, in bunten Farben getönt, gemalt hat, sind so zart, als hätte sie ein junges Mädchen angefertigt. Es war rührend anzusehen, wie dieser große kräftige Mann liebevoll eine Blume in die Hand nahm, sie ganz zu erfassen versuchte und dann zeichnete. Immer wieder fand er neue Wunder, die ihn lockten. Sei es eine Kastanie, sei es eine Eichel, die unbeachtet am Wege lagen. So leicht und einfach sehen sie aus, wenn er sie gezeichnet hat, wie alles Gute einfach aussieht und doch nicht ist ...

Es war Frühlingsanfang, 21. März 1945. Eine trübe, trostlose Zeit. Aber selbst da bedeutete Frühling Hoffnung, gab es ein Aufatmen inmitten von Angst und Grauen und Verzweiflung. Mir schenkte dieser Tag meine kleine Tochter.

Als Schaefer-Ast mir seine Glückwünsche sagen wollte und schon in meinem Garten stand, fiel ihm erst ein, daß man einen Gruß mitzubringen pflegt. Da bückte er sich und pflückte einige der ersten Frühlingsboten, ein paar schüchterne Schneeglöckchen, aus meinem Garten für mich.

In den letzten Jahren seines Lebens war er Professor an der Kunstakademie in Weimar. Aus den Fotos in dem Heft „Gedächtnisausstellung Schaefer-Ast" sehen wir, wie er verstand, in den jungen Menschen die Liebe zu dem Kleinen in der Natur zu wecken. Auch von Weimar aus kam er – so oft es ging – nach Prerow in seine niedrige Kate, um seine schwache Gesundheit noch einmal zu kräftigen für letztes Tun. Er ist 1951 gestorben.

Man darf wohl sagen, daß heute Prerow und der Maler Theodor Schultze-Jasmer, der seit vielen Jahren seinen Wohnsitz unter uns hat, zu einem Begriff geworden sind. Schultze-Jasmer ist nicht nur Maler und Zeichner, er ist auch Farbfotograf und im besonderen der Darßwelt verbunden. Keiner hat wohl Prerow besucht, ohne einen seiner Bildvorträge zu erleben. Keiner ist wohl über den Hauptweg zu unserem Strande geschritten, ohne einen Blick in die „Kunsthütte" zu tun, in der Schultze-Jasmer seine Aquarelle, Ölbilder und Pastelle, seine Zeichnungen und Radierungen zeigt. Viele seiner Arbeiten und Aufnahmen haben schon heute für die Heimatkunde einen dokumentarischen Wert. Ich denke dabei vor allem an seine Bilder und Fotos vom ständig unter Stürmen und Brandung verwandelten Weststrande und seinen Windflüchtern, deren Geschick er mit innerer Teilnahme verfolgt, an seine Zeichnungen unserer alten Katen, die ihr urtümliches Äußeres mit den wachsenden, berechtigten Ansprüchen auf verbesserte Lebensumstände mehr und mehr verlieren. Alle diese Arbeiten werden einmal von hohem Wert für die Heimatforschung auf unserer Halbinsel sein.

Zwischen den beiden Weltkriegen hat der Maler E. Th. Holtz, der mit Schultze-Jasmer zusammen die Darßer Kunsthütte gründete, in Prerow gewohnt und der Künstlerkolonie angehört. Er erwarb von seinem Kollegen von Glass das Haus „Lindenhöhe", das aber nicht sein einziger Besitz in Prerow blieb; Holtz hatte Freude am Ausbauen und Neuanfangen, und siedelte später auf das Fischland über, wie überhaupt immer ein gewisser Austausch zwischen den Fischländer und den Darßer Künstlern gepflogen wurde. Die Maler wußten von Anfang an, was selbst viele unserer treuesten Gäste noch immer nicht ganz erfassen, daß zur Landschaft des Fischlandes und zur Geschichte von Ahrenshoop unsere Halbinsel Darß und Zingst genauso gehört, wie von uns aus schon durch den gemeinsam erdgeschichtlichen Weg, die stete Bedrohung durch Wasser und Wind und die einheitliche Schiffahrtstradition, unlösbare Fäden zum Fischland hinübergehen.

Prerow hat auch auf einem ganz anderen geistigen Gebiet im weiten Umkreis von sich reden gemacht. Bei uns wurde, wenn man einmal so sagen darf, die „schöpferische Pause" geboren. Im zweiten Jahrzehnt unseres Jahrhunderts gründete Dr. Fritz Klatt in Prerow auf der Waldstraße ein „Volkshochschulheim". Er veröffentlichte ein Buch, das den Namen trug „Die schöpferische Pause", und wies darin auf die große Gefahr hin, von der die berufstätigen Großstadtmenschen durch ihre übertriebene Geschäftigkeit bedroht werden. Gewiß hatten sich vor ihm schon viele Mediziner, Psychologen und Soziologen mit diesem Problem beschäftigt. Er aber stellte die Notwendigkeit, dem Rhythmus des Lebens, der in einer gesunden Abwechslung von Tun und Lassen liegt, wieder sein Recht zu geben, für die breitesten Volksmassen eindringlich dar. Er gebrauchte das Wort „Pause" und meinte damit die „Ruhelage", das heißt, sich durch Besinnung wieder zu den eigenen schöpferischen Kräften hinzufinden, die durch die Berufsarbeit meist unentfaltbar bleiben und einen natürlichen Ausgleich zu ihr darstellen sollten. Klatt nahm in dieser Beziehung schon ein wenig von der Erkenntnis voraus, die heute glücklicherweise Allgemeingut geworden ist, die in jedem Menschen ruhenden künstlerischen Neigungen und Fähigkeiten durch Anregung und Förderung zum Laienschaffen wieder lebendig zu machen. Er begnügte sich aber nicht mit dem Schreiben über dieses Problem, er begab sich an einen Versuch, es praktisch zu lösen, und sammelte in seinem Volkshochschulheim berufstätige, abgespannte Großstadtmenschen, denen er einen Weg wies, ihre Ferienzeit und jede Freizeit in einem rhythmischen Wechsel von Ruhen und Tun zu verbringen. Er half ihnen durch eine Gymnastiklehrerin des Heims zu körperlicher Entspannung; er, der selbst ein guter Zeichner und Maler war, regte sie zum Zeichnen und Malen an, er berief Vortragende aus allen geistigen Bezirken, um diesen abgekämpften Großstadtmenschen die nötige andersartige geistige Nahrung zu geben.

Prerow darf stolz darauf sein, in seinem Volkshochschulheim schon etwas vom Geist des Fortschritts beherbergt zu haben.

Zingst

Der Name Zingst – er soll von „umzingeln" kommen oder von dem slawischen „seno" = Heu – wurde früher für die ganze Insel gebraucht; denn als der Prerower Strom noch Bodden und See verband, war der Darß eine Halbinsel, der Zingst dagegen eine Insel. Aus dieser Trennung ergab sich naturgemäß auch eine Eigenentwicklung beider Gebiete.

Witzlaw II. verkaufte 1292 die ganze Insel Zingst für 2000 Mark an das Kloster Neuenkamp, dem wenige Jahre später auch die Insel Hiddensee übertragen wurde. An der Stelle dieses Klosters steht heute die Stadt Franzburg. Die Zisterziensermönche von Neuenkamp rodeten zunächst den Wald mit seinem reichen Bestand an Eiben und Buchen über dichtem Unterholz von Ilex, Elsbeeren und Wildobst, gewannen Ackerland und legten einzelne Gehöfte an, aber noch keine geschlossenen Siedlungen. Deutsche Bauern zogen in die Bauernstellen ein.

Bis 1441 verwaltete das Kloster auf Hiddensee, von dem noch heute Ruinen in der Ortschaft Kloster stehen, die Insel Zingst.

Später verkaufte es die Insel für 5000 Mark an Barnim VIII. Sie war also inzwischen auf mehr als das Doppelte an Wert gestiegen.

Drei Dörfer hatten sich auf Zingst entwickelt: Im Osten Hanshagen, im Westen Pahlen, in der Mitte Rothenhaus. Am ältesten scheint Rothenhaus gewesen zu sein. Es wurde das „Rote Haus" genannt oder der „Rötehof" und war das fürstliche Gestüt und Jagdhaus der pommerschen Herzöge. Den Namen hat es wahrscheinlich bekommen, weil es aus Backstein gebaut war, während die Katen der Einwohner aus Lehm aufgerichtet worden waren.

1532 bestand dieser fürstliche Viehhof aus einem Wohnhaus, einer Scheune und einem Stall. „13 melke und 15 güste" (trocken stehende) Kühe standen darin. Das Kirchenbuch erzählt aus dem Jahre 1604, daß ein gewisser Niemann „Vogd zum Roden Haus" war. Die Description von 1658 spricht auch von dem „Viehhaus, das Rote Haus" genannt. Die Schwedische Matrikel 1696 aber sagt bereits: „In Hanshagen hat früher ein großes Haus, der Rötehof gestanden, vor Alters bereits zusammengefallen." Trotzdem bleibt die Bezeichnung „Rote Huus" bestehen. Die Matrikel erzählt, daß die kleine Insel „Brauns Werder", das heutige Brunstwerder, dem Rothen Haus gehörte.

Die bedeutenderen Orte waren Hanshagen und Pahlen. Zunächst standen 1604 in Pahlen vier Katen, in Hanshagen fünf. Das Prerower Kirchenbuch, das damals auch die Eintragungen über diese Orte vornahm, nennt uns sogar die Namen der sämtlichen männlichen Einwohner. In Hanshagen wohnte der Schulze für beide Orte, und damit beherbergte es auch den Krug.

Es waren Bauern- und Kossatendörfer. Die Lage an See und Bodden wies die Einwohner von Zingst wie die von Prerow auf die Erwerbsmöglichkeiten durch das Wasser hin. Ebenso wie die Schiffahrt haben sie schon frühzeitig Fischfang betrieben. Für die Erlaubnis, im Meere zu fischen, wo sie vor allem Heringe mit dem „Heringsgarn" im Frühling fingen, mußten sie Ende des 17. Jahrhunderts 2 Wall Heringe abliefern. Auch für den „Strom", das Binnenwasser, gaben sie Pacht. Zwei Vollbauern aus Hanshagen besaßen bereits je eine Schute von 2 bis 3 Last, mit der sie Holz aus der Kronheide des Darß' zum Verkauf nach Stralsund fuhren, ebenso Torf von der Sundischen Wiese „in die Festung". Ein Halbbauer besaß ein Fahrzeug, mit dem er sogar bis Wismar fuhr. Die Einwohner mußten sich um so mehr an Fischerei und Schiffahrt halten, als der Ackerbau wegen des mageren Bodens nur geringfügig sein konnte; denn der Untergrund von Zingst ist alluviales Schwemmland, nur an einer Stelle der Sundischen Wiese liegt ein eiszeitlicher Kern von Geschiebemergel.

Im Gegensatz zu Prerow ist die Zingster Gegend waldarm. Schon in frühen Zeiten wurde das nötige Holz aus der „Kronheide", dem Darßer Walde, geholt. Die Wiesen jedoch gaben ausreichend Futter für Klein- und Großvieh. Für den Winterbedarf an Heu allerdings wurden noch Wiesen aus Bresewitz hinzugepachtet.

So wuchsen die Orte heran und schlossen sich 1830 zu einem Dorf zusammen, das den Namen der ganzen Insel „Zingst" erhielt. 1823 wird „das große Bauerndorf Zingst mit 1095 Seelen" erwähnt. Bis zum Ausgang des letzten Jahrhunderts hatte der Ort Zingst 1674 Einwohner, das ganze Kirchspiel über 2000. Dann ging es bergab. Die Segelschiffahrt, die vielen Zingstern Brot gegeben hatte, neigte sich ihrem Ende zu; das brachte das wirtschaftliche Leben dieser Gemeinschaft an den Rand des Unterganges.

Im Sommer 1953 hat Zingst den Anfang gemacht, sich und seinen Gästen das Bild seiner großen Vergangenheit zu erhalten. Nahe der Bushaltestelle wurde eine kleine Heimatausstellung eröffnet, die eine gute Entwicklung verspricht. Wir haben sie im wesentlichen der Heimarbeit von Edith Grählert zu verdanken. Wir finden hier Schiffsbilder und Schiffsmodelle. Eine alte Herdecke, wie sie noch auf dem Darß vorkommt, zeigt uns, wie primitiv die Haushaltführung vor nicht allzu langer Zeit gewesen ist. Zwei alte Wiegen erzählen uns ihre Geschichte. Fünf Generationen lagen in der einen. Die andere wurde mit dem Säugling während der großen Sturmflut von 1872 von den rasenden Wellen erfaßt und bis in den Freesenbruch getrieben. Besonders interessant sind Fotos von Alt-Zingst. Es ist verwunderlich anzusehen, wie schnell die Entwicklung fortschreitet.

Ein kleines privates Museum hat der ehemalige Kapitän Knull in seinem Kaffeestübchen eingerichtet. Wenn er Zeit hat, lüftet er gern den schweren Vorhang, der sein geräumiges Gastzimmer halbiert, läßt uns hindurchschlüpfen und in sein Heiligtum treten.

Dort umgibt uns sofort der Zauber der großen Zeit der Segelschifffahrt. Alles, woran Knulls Herz hing und noch hängt, hat er auf seinen weiten Reisen zusammengebastelt: Flaschenschiffe in allen Größen, von der ersten Milchflasche seines Jungen bis zu normalem Ausmaß einer Rumflasche; Riesenschiffe unter einem Glaskasten, Bilder von Schiffen, die er selbst gefahren hat, Gemälde fremder Landschaften, die er zur Erinnerung gemalt hat. Von diesem Reichtum mag er sich nicht trennen, aber er zeigt ihn gern allen, die sich daran freuen.

Wie wir schon wissen, liegt Zingst wie Prerow an See und Bodden. Die Verbindung mit dem Festlande geschah auf der kürzesten Strecke, nämlich von Bresewitz aus nach Timmort, der Bresewitz gegenüberliegenden Landspitze. Zuerst fuhr man mit dem Boot hinüber, später mit der Eisenbahn über die 1910 erbaute Eisenbahnbrücke und heute über diese Brücke, die auch von Fußgängern benutzt wird, mit dem Bus.

Zingst liegt also an einer der schmalsten Stellen zwischen der Halbinsel und dem Festland. Man wird es in dem ansehnlichen Badeort mit seinen vielen, gewundenen Wegen, die zum Teil alte

Flurnamen wie Boddenhörn und Schwedengang tragen, zuerst kaum gewahr, wie bedroht dieses Dorf von den Wassern ist. Gewiß weisen der großzügige Buhnenbau zu beiden Seiten des Badestrandes, das Dünenwäldchen, der lange Deich darauf hin, wieviel Mühe und Kosten aufgebracht worden sind und weiter aufgebracht werden müssen, um die Zingster zu schützen. Die Ostseeküste längs des Zingstes ist im Abbruch begriffen, ist Abtragungsgebiet. Nach der Sturmflut von 1872 wurde die ganze Ortschaft bis auf den westlichen Saum eingedeicht, denn der Bodden schiebt sich als Zingster Strom, dessen großer Tiefgang von der Kraft seiner Strömung zeugt, in einer weiten Schleife bedrohlich nach Norden vor. Der schmale Durchgang vom Bodstedter Bodden, den die Brücke überspannt, preßt das Wasser bei hartem Westwind in diesen Strom hinein, den im Süden die Inseln Kirr und die Oie begrenzen. Wunderschön ist das Bild dieser Landschaft, wenn man es vom Wasser aus erblickt. Hier kann man verstehen, wie hart ihre Bewohner unter Schicksalsschlägen der Sturmfluten zu leiden hatten. Zingst hat zwar nicht die nahe Nachbarschaft zum Darß, derer sich Prerow rühmen darf. Dafür bietet die abwechslungsreiche Umgebung, der Freesenbruch gen Westen, das urtümliche Wiesengebiet am alten Wasserlauf der Straminke und weiter nach Osten der Osterwald und der kleine Forst Straminke einen Ersatz.

Vom Hafen am Zingster Strom fahren im Sommer Dampfer nach Prerow, nach Barth, nach Hiddensee. Die Zingster Badeverwaltung hat zusammen mit dem FDGB einen Reiseführer eingestellt, der die Fahrten nach Hiddensee mitmacht und unterwegs den Fahrgästen alles Wissenswerte von der Entstehung des Darß' und Zingstes, vom Bock und später von Hiddensee erzählt. Er beantwortet Fragen und regt zu Fragen an. Menschen, die aus dem Binnenlande kommen und die See noch nicht kennen, ermüden leicht, wenn sie immer nur Wasser, Wasser sehen. Sie müssen zum Beobachten angeleitet werden. Zingst ist auch der Hauptausflugsort für die Bewohner der näheren Umgebung, vor allem der Barther und Stralsunder. Prerow ist den meisten zu weit. So bringt im Sommer der Dampfer jeden Nachmittag Scharen erwartungsvoller Menschen, die am Strande baden, sich sonnen und abends wieder heimfahren.

Durch das ganze Dorf zieht sich eine Hauptstraße im rechten
Winkel zum Strande, um die sich die anderen Straßen gruppie-
ren. Die Anlage ist geschlossener als in Prerow. Die drei ehemaligen Ortschaften sind völlig miteinander verwachsen. Diese Hauptstraße führt auch an den Strand. Man geht an dem „Dünenhaus"
vorbei durch ein schmales Wäldchen, das als Hinterland der Dünen
zum Schutz des Dorfes gegen die drohende Sturmflut angepflanzt
worden ist. Auf der südlichen Seite wird es von einem Deich be-
grenzt, der im Gegensatz zu dem Prerower aber nicht begangen
werden darf. Während der Prerower Strand gewissermaßen „unbe-
rührt" daliegt, nur die Dünen daran erinnern, daß die See ein ge-
fährlicher Nachbar ist, vor dessen Übergriffen man stets auf der Hut
zu sein hat, weisen am Zingster Strand die vielen Buhnenanlagen
deutlich auf den Kampf unserer Küste gegen die Beutegier der See
hin. Die Zingster Buhnen sind anderer Art als die neuerbauten vor
dem Fischland, die sich allmählich bis weit zum Weststrand des
Darß' vorgeschoben haben. Es sind sogenannte „Findlingsbuhnen",
die eine querliegende Faschinenpackung tragen. Statt der großen
Zementquader, mit denen vor Ahrenshoop gearbeitet worden ist,

sind die Zingster Buhnen mit Findlingsblöcken ausgefüllt, und wir erleben oft das spannende Schauspiel am Zingster Strand, wie Strandarbeiter von zerstörten Buhnen mit Prähmen die Steine zangen, um andere Buhnen damit nachzupacken. Der Buhnenbau bietet den Zingstern, wie auch den Einwohnern der umliegenden Ortschaften, begehrte Arbeitsplätze.

Bis weit in das 19. Jahrhundert hinein mußten die Zingster zur Kirche bis nach Prerow wandern; denn Prerow besaß die einzige Kirchen vom ganzen Darß und Zingst. 1856 wurde Zingst ein eigenes Kirchspiel, bald darauf wurde von Stühler, einem Schüler Schinkels, eine Kirche gebaut. Sie durfte keinen Turm tragen, weil der weithin sichtbare Barther Kirchturm als Landmarke auf dem Seekarten verzeichnet war und ein zweiter Turm irreführen könnte.

Die Zingster Kirche ist geräumig, hoch und feierlich, doch nicht so lebensnahe wie die Prerower Seemannskirche; es fehlt ihr in dieser Beziehung noch an Tradition. Sie hat die gleiche Großzügigkeit wie ihr höher gelegener Kirchhof, der durch mächtige Eiben und andere Baumgruppen einem feierlichen Raum unter freiem Himmel gleicht. Mitten auf diesem Friedhof mit seiner breiten Allee hängen die Kirchenglocken in einem Holzgestühl. An vielen, vielen Grabsteinen und Kreuzen weisen die Inschriften auf die seefahrende Bevölkerung hin. Oft hält ein Gedenkstein, wie der mächtige Findlingsblock für die Besatzung der „Minna", die Erinnerung an Menschen wach, die auf See geblieben sind.

Auf diesem Kirchhof hat die Zingster Heimatdichterin und Verfasserin unseres „Darßer Heimatliedes", Martha Müller-Grählert, ihre würdige Ruhestätte erhalten, nachdem ihr Grab lange Jahre unbeachtet geblieben war. Es liegt nahe dem „Glockenhaus", hat am Kopfe ein altes steinernes Kreuz, das seit langer Zeit ihrer Familie gehörte, und wird im Sommer mit Porzellanblümchen geschmückt, die ihre Lieblingsblumen waren. „Hier is mine Heimat, hier bün ick to Hus" steht darüber.

Martha Müller-Grählert wurde am 20. Dezember 1876 in Zingst geboren. Ihr Lied „Wo de Ostseewellen" wurde von S. Krabich, einem 1938 in Zürich gestorbenen Komponisten, vertont.

Vier deutsche Stämme haben es für sich in Anspruch genommen. Eine Postkarte nannte es die „Ostseewellen", eine andere bezeichnete es als „Friesenlied", mit dem Zusatz: „Text für die Nordsee bearbeitet von Fischer-Friesenhausen." Schallplatten verbreiteten es, bei Veranstaltungen wurde es gesungen. Nur seine Dichterin wurde vergessen. Sie hatte im Alter wieder zu ihrer Heimat zurückgefunden, lebte in ihrem „Sünnenkringel-Häuschen" in Zingst in wirtschaftlicher Not. Niemand dachte daran, ihr den Anteil am Druck und an der Verbreitung ihres Heimatliedes zu geben. Schließlich mußte sie in das Kreisaltersheim in Franzburg ziehen, dort ist sie am 19. November 1939 gestorben. Sie wurde auf dem Kirchhof zu Zingst begraben. Lange Zeit schmückte nicht einmal ein Gedenkstein ihren Ruheplatz.

Ihr Heimatlied lautet so:

OSTSEELIED

„Wo de Ostsewellen trecken an den Strand,
wo de gäle Ginster bleucht in'n Dünensand,
wo de Möwen schriegen grell in't Stormgebrus,
dor is mine Heimat, dor bün ick to Hus.

Well' un Wogenruschen wier min Weigenlied,
un de hogen Dünen seg'n min Kinnertied,
seg'n uck all min Sehnsucht un min heit Begehr,
in de Welt tau fleigen över Land un Meer.

Woll het mi dat Läben dit Verlangen stillt,
het mi allens gäben, wat min Hart erfüllt,
allens is verswunnen, wat mi quält un drew,
hew nu Fräden funnen – doch de Sehnsucht blew.

Sehnsucht na dat lütte, stille Inselland,
wo de Wellen trecken an den witten Strand,
wo de Möven schriegen grell in't Stormgebrus,
dor is mine Heimat, dor bün ick to Hus."

In einer alten Zeitung begegnete mir nun folgendes Gedicht von
Martha Müller-Grählert, aus dem keine Bitterkeit über ihr Schick-
sal spricht. Es muß alle beschämen, die ihrer Not nicht gedachten.
Sie hat es in ihren letzten Lebensjahren geschrieben:

LEIWER GOTT, HEV DANK!
Un so tüffel ick denn wieder
Bet an't stille Grav;
Matt un meud sünd mine Glieder,
Bün nich wiet mihr aff.

Alls hett mi dat Leben geben,
Was ick wünscht un wullt.
Dat dat Glück nich bi mi bleben,
Seggst du, is min Schuld!

Ich verstünd dat nich tau hollen,
Seggst du, – dat is wohr!
Kiek, dat Glück, dat is siet ollen
Tieden wandelbor!

Einer find't dat all in'n Slapen,
Un de anner nie.
Latt hei sine Dör uck apen,
Flügt dat doch vörbi.

Mi dad't nich vöräwer fleigen,
Glücklich wier'ck un satt,
Ahne Prahlen, ahne Leigen
Segg ick hüt: „Hev hadd!"

Fröhlich kann ick mi begeben
Up denn letzten Gang:
„Rieck un vull, dat wier min Leben,
leiwer Gott, hev Dank!"

Sundische Wiese und Bock

Der letzte östliche Ausläufer unseres Heimatgebietes bleibt für die meisten Menschen unbekanntes Land. Er liegt auf den Karten als ein fast schnurgerade von Westen nach Osten gezogener Landstreifen da, an der Binnenwasserkante verhältnismäßig wenig gebuchtet durch die beiden Becken des Barther Boddens und des Grabow, und bildet mit einigen vorgelagerten Inseln den schmalen Hals, durch den die Boddengewässer schließlich auf ihrem weiten verzweigten Weg mühselig den durch unermüdliche Baggerarbeiten erhaltenen Anschluß an die Ostsee finden.

So schnell wie mit wenigen Worten ist von Zingst aus das Ende unserer Halbinsel nicht zu erreichen. Vorerst liegen Forst Straminke und Forst Sundische Wiese vor uns und wollen in einer mächtigen Schleife umrundet werden. So wandert oder fährt man am Rande dieses Waldes entlang, sieht Viehweiden und wildbewachsene Wiesen gen Süden, erwischt ab und zu einen Blick auf das Glied unserer langen, gewundenen Boddenkette, das hier Barther Bodden heißt und kaum merklich in das letzte, breite Boddenbecken, den Grabow, übergeht.

Es mag ein später Sommernachmittag sein. Das bewegte Leben der Gäste auf dem Fahrweg, der fast schnurgerade hinter den Zingster Dünen englangführt, ist bald hinter uns gebracht, und nun beginnt jene noch endlos scheinende Welt von Waldung, Gesträuch und Gas, Wassergerinnseln, Koppelzäunen, hinter denen die Kühe ruhen; vielleicht, daß man einmal Holzfäller hört oder ein Kind mit einem Milchgefäß staunend den Fremden nachschaut. Müggenburg wird passiert, diese kleine Ortschaft, in der die alte Siedlung Straminke aufgegangen ist. Schöner als alles, was auf diesem Erdenwinkel nach eigenem Ermessen wachsen, blühen, verdorren kann, wird der hohe Himmel mit seinem seidenen Gewölk, in dem die nahe See ihren Widerschein findet. Der Forst Sundische Wiese ist überholt, es führt ein wie mit einem Lineal gezogener Weg gen Osten, unserer letzten Landspitze zu, die man noch wandernd oder fahrend erreichen kann, dessen Wendepunkt Pramort heißt.

Unter dem Namen Sundische Wiese wird dieses eigenartige Stück Land zusammengefaßt, geographisch heißt es der Zingst, weil es seit vielen Jahrhunderten keine selbständige Insel mehr ist. Sundische Wiese bedeutet Stralsundische Wiese, denn sie hat mehr als 600 Jahre lang der Stadt Stralsund gehört. Einige kleine Ortschaften liegen darauf, das Dorf Müggenburg, in dem eine alte, winzige Siedlung Straminke aufgegangen ist, dann das breit gelagerte Dorf, das in früheren Zeiten in höchster Bescheidenheit „Bey den Häusern" hieß, heute Sundische Wiese genannt wird, und schließlich Pramort, dessen Name bereits sagt, daß es an einer Landspitze liegt und zugleich eine Fährstelle war. Ein Pram ist ein Boot mit wannenartigem Boden, das übers flache Wasser gleiten kann, nicht mit Riemen, sondern mit einer Stange fortbewegt wird.

Pramort und Darßer Ort sind gleichsam die beiden Endpunkte unserer Halbinsel Darß und Zingst.

Man kann das ganze Gebiet der Sundischen Wiese gern einen Tummelplatz der Geologen und Geographen nennen, für die es wichtige Aufschlüsse über Formation und Wachstum der Dünen gibt, über den Materialtransport der See, die dadurch bedingte Entwicklung der sogenannten Haken, die Verlandung, den Weg, den Wind und Strömung weisen. Hier wird in weit vielfältigerem Ausmaß als auf der Bernsteininsel Land geboren, werden neue Grenzen zwischen den „Vesten" und den Wassern gezogen. Für die Schutzarbeiten an unserer allzeit bedrohten Küste liefert es ein besonders anschauliches Material. Sonst „verirren" sich nur einige ernsthafte Heimatfreunde mit Zelt dorthin, um auf eigene Faust diese Wunder der schöpferischen Naturkraft und das kaum gestörte Leben der Vögel und Pflanzen zu studieren.

Es gibt aber auch echte Einwohner dort, wie die schon genannten Ortschaften bezeugen. Nächst Zingst wohnen die Müggenburger, deren kleines Dorf sich nur wenig über den Wasserspiegel erhebt, so daß jedes Überschreiten des Mittelwasserstandes die Häuser ernstlich gefährdet. Sie gehörten in alten Zeiten der Stadt Barth. Die Matrikel verzeichnet überhaupt nur zwei Einwohner mit Namen und dazu die „Hirtenkate". Über deren Bedeutung werden wir noch sprechen. Für den kleinen Ort Straminke, damals Stremin genannt, der in Müggenburg aufging, wird nur ein einziger Einwohner genannt, gewissermaßen der letzte Überlebende, denn die schwere Sturmflut von 1625 nahm die fünf Bauernstellen in Straminke fort, riß den schmalen Landstreifen auf, so daß sich Ostsee und Barther Bodden begegneten und Sundische Wiese eine Insel wurde. Wir erkennen die Stelle noch heute an der Straminker Bucht.

Um Müggenburg mit seinen kargen Äckern liegt gutes Wiesen- und Weideland, von dem jenes Dokument auch schon rühmend sagt, daß der Heuertrag gut sei, die Entwässerung der Wiesen durch Gräben erfolge und daß sich die Einwohner das Düngen der Weiden auffallend bequem zu machen verstünden. Sie schoben den Dung ihres Weideviehs in die vielen Wassserlöcher und überließen dem steigenden Wasser, das kostbare „Gold" genügend aufzuweichen und über die ganze Weidefläche zu verteilen. Das sonst übliche Dungverfahren mit Wagen würde sich auf dem weichen, feuchten Wiesengrunde auch schwerlich ausführen lassen.

Wenn auch nur wenige Menschen außer den Einwohnern und abgesehen von den Geologen und Geographen, die den Problemen der Küstenbildung nachgehen, überhaupt den Namen Sundische Wiese kennen – für die Bauern im Binnenlande, im ganzen heute ostmecklenburgischen Bereich von Stralsund an über Dörfer nahe des Recknitzlaufes bis zum Ostsaum des Saaaler Boddens ist er ein fester Begriff. Die Sundische Wiese ist sozusagen die Sommerfrische für das Vieh. Was das Binnenland mit seiner bevorzugten guten Ackerwirtschaft nicht hergeben kann, hält die Sundische Wiese bereit: Ausgedehnte nahrhafte Weiden.

Der Greifswalder Geograph, Professor Dr. Th. Hurtig, hat in einer neuen, für uns besonders wichtigen und lerreichen Arbeit kürzlich zusammengestellt, was die Sundische Wiese als „Pensionsgebiet" für die Viehhaltung Ostmecklenburgs bedeutet. Nun erst versteht man die kurzen Hinweise der Matrikel recht, daß Müggenburgs Weiden groß genug seien, um 25 bis 30 Stück fremdes Vieh „verpflegen" zu können, eine Bemerkung, deren Wert sich einem vorher kaum erschließen konnte.

Professor Hurtig ist dieser Viehverschickung auf die Sundische Wiese nachgegangen. Die gesamte Weidefläche für das „Pensionsvieh" beträgt 385,07 Hektar, von denen auf den Kreis Stralsund rund 300 Hektar entfallen, der Rest auf die Bäuerliche Handelsgenossenschaft Zingst. Der Einzugsbereich des fremden Viehs nach der Sundischen Wiese, ihrer „Sommerfrische", reicht in der Luftlinie bis zu 35 Kilometer. Die Bauern in Lüssow, nicht weit von Stralsund, aus Krakow unfern der Recknitz, aus den Dörfern vor Damgarten schaffen ihr Vieh, meist durch Klauenbrand gezeichnet, gegen einen festgesetzten Pensionspreis bei Anbruch der Weidezeit zur Sundischen Wiese. Hier kann, so betont Professor Hurtig, eine Futterreserve ausgenutzt werden, die den Binnenlandbauern eine größere Viehhaltung ermöglicht. Unsere Weideplätze nehmen jetzt rund 900 Stück Jungvieh und 850 Schafe auf; Schafe dürfen allerdings wegen der Leberegelkrankheit nicht zur Sundischen Wiese geschickt werden. Sie kommen auf die Inseln Oie, große und kleine Kirr, die unmittelbar südlich von Zingst gelegen sind. Als neueste Errungenschaft ist für die LPG Müggenburg jetzt ein Viehpram gebaut worden, um die Tiere trockenen Fußes von den beiden Inseln, große und kleine Kirr, überzusetzen.

Die Viehpension hat den Einwohnern der Sundischen Wiese aber nur einen Nebenverdienst eingebracht. Ihre Lebensbedingungen sind bis zum äußersten bescheiden. Immer wieder wurden die Bauernstellen verlassen, konnten sich auch keine Pächter auf ihnen halten. Sundische Wiese ist von jeher ein Sorgenkind gewesen, und Sorgenkinder pflegte man in früheren Zeiten gern auszunutzen. Ähnlich dem Projekt im Wiecker Moor nahm sich die Spekulation auch der Sundischen Wiese an. Im ersten Weltkrieg kaufte eine Pflanzenstoff-Gesellschaft das Gebiet, um durch Brennessel-kulturen dem Fasermangel der Gewebeindustrie zu begegnen. Nebenbei war auch daran gedacht worden, der armen Einwohnerschaft eine neue Erwerbsquelle zu erschließen. Dieses Unternehmen rentierte sich aber ebenso wenig wie das Ausschlachten des Wiecker Moores zur Gewinnung von Dachgartenerde. Man muß völlig übersehen haben, daß die Brennessel ein Halbschattengewächs ist und auf freiem Gelände unter praller Sonne nicht gedeihen kann. Von dieser Gründung blieb nicht anderes übrig, als die Flucht der Brennesseln in die anliegenden Wälder, wo sie noch heute den Boden bedecken und der Forstwirtschaft erheblichen Schaden bringen.

Darauf erwarb ein Großkapitalist dieses Gebiet mit dem Ziel, den Rest des Waldes abzuholzen, und von ihm ging es wieder als Spekulationsobjekt an eine Siedlungsgesellschaft, die Neuland-A.-G., über. Auch sie hatte kein Glück. Denn diese Leute wollten ausgerechnet an einem Ort, an dem sich die eingesessene Bevölkerung schon nicht ernähren konnte, Siedlungen bauen. Es entstanden tatsächlich dort 30 neue Siedlungsstellen, die zum Teil von ihren Wirten schleunigst wieder verlassen wurden.

Vor dem letzten Weltkriege wurde für einen Plan geworben, den der schwedische Ornithologe Bengt Berg unterstützte, das ganze Gebiet der Sundischen Wiese gemeinsam mit dem Westdarß zu einem Naturschutzgebiet zu erklären. Dann hätten auch die wenigen dort verbliebenen Siedler ihr Land wieder räumen müssen. Auch dieser Gedanke ist bis heute nicht in die Wirklichkeit umgesetzt worden. Die Regierung unserer Republik unterstützt die Siedler, indem sie ihnen leichtere Bedingungen zubilligt, geringere Abgaben verlangt, und trägt dadurch den schlechten Lebensbedingungen des Gebietes Rechnung.

Nun haben wir noch ein wenig von Pramort zu erzählen, das unsere Endstation darstellt, denn die ihm vorgelagerten Inseln, der Große und die Kleinen Werder, wachsen ja erst vor unseren eigenen Augen heran. Ihre Einwohner sind bisher nur die Schafe, die, wie Prof. Hurtig erzählt, vom Bock aus, der dem ostmecklenburgischen Festland vorgelagerten Insel, jeden Morgen durch das flache Wasser zu ihren Weideplätzen waten müssen oder ihr Nachtquartier auf dem einsamen Werdergehöft nehmen. Auch für Pramort können wir auf die Schwedische Matrikel zurückgreifen, die berichtet, daß Pramort „erst vor einigen 30 Jahren aufgebaut" wurde, also etwa bis auf die Mitte des 17. Jahrhunderts blicken kann. Und was wir uns bisher aus verständlichen Gründen versagen mußten, erlauben wir uns im letzten Augenblick noch, den ins Deutsche übersetzten eigentümlichen Wortlaut des von Curschmann herausgegebenen kostbaren heimatlichen Dokuments der Schwedischen Matrikel wiederzugeben, wie er über Pramort lautet:

„1696 Mai.

Kleines Dorf, erst vor einigen 30 Jahren aufgebaut.

Einwohner: 4 Bauern oder Holländer mit gleichen Landanteilen, zahlen 84 Rthl Pension (Pacht) an den Rat in Stralsund. Außerdem 1 Einlieger und 1 Kuhhirt.

Acker: 17 Ackerparzellen. Klarer Sand. Bestellt teils mit Sommer- und Wintergerste, teils mit Mohrrüben, die schön gedeihen.

Wiesen: Im Norden teils moorartig, teils grasbewachsene Dünen, der Südteil besser. Höchstens 280 Heulasten."

Von Pramort ist noch zu berichten, daß die wenigen Familien, die dort leben, endlich an das Lichtnetz angeschlossen worden sind. Das bedeutet nicht allein die Erlösung von der Kerze an den langen Winterabenden. Das bedeutet auch durch den Rundfunk ihre Verbindung mit der bisher so fernen, in Wirklichkeit nur wenige Kilometer von ihnen beginnenden „großen Welt".

Pramort ist eingedeicht. Dieser Schutzwall gegen die Wasserflut legt sich wie ein bergender Arm um die beiden einzigen Hofstätten, die Dreschhof und Pramort heißen und von hohen Bäumen umgürtet sind. Mit leisen Wellen rauscht die Ostsee heran, im dunklen Grund zeichnen sich als helle Streifen die gefährlichen Untiefen ab. Über kleine Bülten hinweg schaut man zum Großen Werder hinüber, dessen Erhebung ein einziges breites Gehöft trägt.

Im Osten des flachen „Zingstes" liegt die Hohe Düne von Pramort. Ihre Höhe von 13 Meter inmitten von niedrigen Dünenwällen ist den Geologen noch heute problematisch. Von dieser Hohen Düne von Pramort aus sieht man den Bock östlich vor sich liegen: eine ausgedehnte Sandebene bei Niedrigwasser, eine überflutete Sandbank bei hohem Wasserstande. Aus diesem „Wattenmeer der

Ostsee" erheben sich als grüne Flecken die Werder, die „Halligen der Ostsee", wie Prof. Hurtig sie nennt. Trotz seiner von aller Welt entrückten Einsamkeit stellt der Bock einen Kampfplatz erster Ordnung dar. Hier wird seit Jahrhunderten um die Erhaltung einer schiffbaren Wasserstraße zur Stadt Stralsund gerungen, und zwar mit Freibaggern als einzig wirksamer Waffe. Man wollte Stralsund den Zugang zur Ostsee nicht versperren lassen, der durch die angeschwemmten Sandmassen immer enger und seichter geworden war. Das dabei gewonnene Baggermaterial wurde am Ostbock künstlich aufgespült und nachher dieses gewonnene Gebiet aufgeforstet und so zu einem natürlichen Schutzwall gemacht. Dadurch und durch die Buhnen am inneren Knie des Bockdammes im Nordosten wird die Fahrrinne freigehalten und werden die von Wind und Wellen angeschwemmten Sandmassen gezwungen, sich an den vom Menschen vorgeschriebenen Orten abzulagern, so daß hier eine Änderung der natürlichen Landschaft erreicht wurde und die Natur sich unserem Tempo fügen mußte. Man kann dieses eigenartige, einmalige Schauspiel von der Pramorter Düne aus ansehen, wenn man der Verlockung nicht zu folgen vermag, über das „Wattenmeer" zu wandern, teils auch zu waten. Man soll auf jeden Fall einmal eine Landkarte gründlich studieren, um wenigstens eine Vorstellung von dem Sieg des Menschen über die Mächte des Wassers, des Windes und des Sandes an dieser Stelle zu gewinnen. Bei Barhöft auf dem Festland, wo Sturmwarnungsmast und Feuer der Schiffahrt halfen, fangen die Baggerrinnen an, aus deren Gut der Bock laufend aufgespült wird, die Barhöfer Rinne, der fast schnurgerade nach Norden die Gellenrinne folgt, die den begehrlichen Südschwanz Hiddensee vom Festland zurückhält, nach Südosten die Vierendehl-Rinne, die den Schiffahrtsweg nach Stralsund weist. Hier hat unsere Heimat in Wahrheit einen großen heroischen Zug.

Der Bock ist aber trotz dieses Umkämpftseins das unberührteste Gebiet des ganzen Darß. Nur wenige Menschen haben das Glück, den Bock aus der Nähe kennenzulernen, denn er steht unter Naturschutz und darf nur mit einem Erlaubnisschein betreten werden. Wer aber an einem klaren Sommertage nach Hiddensee fährt, sieht ihn in der Ferne liegen, im Schmuck der zur Bodenverbesserung angepflanzten blauen Lupinen und des aufgefrosteten Laubwaldes. Der Bock war ein wahres Vogelparadies, bis ihn das Hitlerregime zum Abwurfplatz für Bomben ausersah. Jetzt stellen sich allmählich die Vögel wieder bei ihm ein und zu den Zeiten ihrer großen Wanderungen ist die Insel ein viel aufgesuchter Ruheplatz während der langen Reise. Vor allem erscheinen Kraniche in großen Mengen. Saatgänse folgen ihnen und bleiben dort, bis der Winterfrost sie vertreibt. Auch Höckerschwäne, Säger, viele verschiedene Entenarten, darunter die besonders schöne Eisente und viele andere kleine Vögel leben dann eine Zeitlang auf dem Bock. Die herrlichen Darßfilme von Dagmar Bothas haben dieses urwüchsige Vogelleben festgehalten.

Der Bock blickt auf ein beträchtliches Alter zurück, er hat schon als kleines diluviales „Bockinselchen" bestanden, wie sich Prof. Reinhard in seiner neuen wissenschaftlichen Schrift über den „Bock, Wege einer Sandbank zur neuen Ostseeinsel" ausdrückt. Dr. Otto spricht übrigens schon 1913 von einem submarinen Kern, und spätere Baggerungen haben bewiesen, daß nicht nur in der Nähe der östlichen Insel der Kleinen Werder eine diluviale Insel bestand, sondern auch an anderen Stellen vor dem Bock Geschiebemergel vorhanden war. Nahe des Bock wurden Torf mit Baumstammresten sowie Eichenstubben ans Licht befördert.

Die Diluvialkerne des heutigen Bock liegen weiter nördlich in der See. Sie sind vermutlich nicht sehr hoch gewesen, die in ihrem Schutz hinter ihnen liegenden Torfflächen wurden abgeschliffen, von angeschwemmten Sedimenten überschüttet und endeten als „Materiallieferanten" für den jetzigen Bock.

Bereits um 1861 setzte im Interesse der Schiffahrt der Kampf um das mehr und mehr versandende Fahrwasser in der Gellenrinne ein. Die Sandmassen sollten durch Menschenhand auf andere Bahnen gelenkt werden, man wollte sie zwingen, sich schon am Bock niederzulassen. Die schweren Sturmfluten, die gerade in den folgenden Jahren auftraten, machten diese Bemühungen zunichte. Schon damals machte man die ersten Versuche, am östlichen Rande des Bock Schilfrohr (Phragmites communis) und Meerstrandsimse (Scirpus maritimus) anzusiedeln, um die Verlandung zu fördern. Beide Pflanzen zeichnen sich durch Biegsamkeit aus, halten schweren Stürmen stand und tragen zur Erhöhung des Bodens bei.

Um die Jahrhundertwende wurde Baggergut auf die Insel gebracht, 1928 wurden 130000 Kubikmeter bepflanzt, 1936 war durch Aufspülung eine Insel von 300 Hektar gewonnen worden. Zunächst wurde nur Strandhafer angepflanzt. Dann ging man entschlossen zur Aufforstung der Insel über, da Wald den besten Schutz gewährt und den Boden bereichert. Die Insel war inzwischen so hoch gewachsen, daß sie von den Fluten der Jahre 1949 und 1954 nicht mehr überspült werden konnte.

Die Auswahl der Holzarten hat viel Überlegung gekostet, denn bei dem wechselnden Grundwasserstand und den rohen Mineralböden können nur anspruchslose Bäume gedeihen. Zuerst wurden die höchsten Stellen des Bock aufgeforstet, eine breite, durchgehende Schneise wurde ausgespart. Kiefern und Sandbirken, Roterle, Weißerle, kanadische Pappeln, Ebereschen, Traubenkirschen, schwedische Mehlbeeren, Roteisen und Lärchen bilden den neuen Wald, der im Herbst im schönsten Farbenschmuck prangt. Überall leuchten die orangeroten Beeren des Sanddorn auf, der bald nach der Aufspülung angesiedelt wurde und sich zu dichten, an manchen Stellen undurchdringlichen Buschgruppen entwickelt hat. Der Sanddorn, der eigentlich unter Naturschutz steht, muß auf dem Bock bereits wieder ein-

Queller (Salicornia herbacea)

gedämmt werden, denn er wächst dort überall, mittem im Walde, auf den Wiesen, sogar auf der Strandebene dicht an der See. Das Unterholz geben Brombeeren, Holunder und Ginster ab, Baumeister Wietzke führt seit acht Jahren seine Betreuung durch, denn es gilt, jeder Neupflanzung beizustehen, die jungen Kulturen von Unkraut freizuhalten und ununterbrochen Nachpflanzungen vorzunehmen. Unsere Insel ist jetzt 1 600 Hektar groß, von denen etwa 350 Hektar über Mittelwaserstand liegen, 150 Hektar sind aufgeforstet, zwischen den Laubbäumen sind auch Fichten emporgewachsen.

Diesem Schutzwald wird eine ständige Pflege und Aufsicht zuteil, andere Stellen sind mit Dünengräsern bepflanzt worden.

Den Pflanzen sind die Tiere gefolgt. Wildschweine, Füchse und auch Kaninchen leben jetzt auf dem Bock. Sie gefährden nun wieder die Gelege der Vögel; auch der Seeadler von Darßer Ort, der jeden Tag zum Bock fliegt, holt sich dort manche Beute.

Es ist ein unvergeßliches Erlebnis, einmal auf dem Bock zu stehen und weit in die Ferne zu schauen, sich dann zur Erde zu neigen, dieser so mühevoll im Laufe von vielen Jahren geschaffenen Erde, und sich die Pflanzenwelt anzusehen, die sich hier ungestört entfalten kann und gegen den Sturm, der den feien Sand vor sich hertreibt, zu behaupten weiß. Hier wachsen ohne Gefährdung durch unbedachte Menschenhand und unbedachten Menschenfuß Queller, Salzkraut, Glaux, Meersenf und Spergularia, auch Melde und Arnika. Oft stehen dichte Bestände der Meerbinse dicht im Wasser. Manche Pflanzen schmiegen sich an den feuchten Sandboden an, um Schutz vor dem Sturm zu finden, Sand deckt vielfach die Nebenäste des Quellers völlig zu, so daß er die Aufgabe unternehmen kann, den kostbaren Sand festzuhalten. Der Queller kommt auf dem ganzen Darß und Zingst sonst nur noch in wenigen verkümmerten Exemplaren an der Darßer-Ort-Spitze vor. Der Meersenf breitet seine Zweige nach allen Seiten flach über den Boden aus, um sich anzuklammern, und seine kleinen Schoten, die sich nach den zartvioletten Blüten entwickelt haben, lagern ihre Samen dicht neben der Mutterpflanze ab, so daß sie nicht vom Winde ergriffen und weit fortgetragen werden können an eine Stelle, die vielleicht nicht so günstig für sie ist.

Nun haben wir das Ende unserer kleinen, aber doch so vielseitigen Heimatwelt erreicht.

„Gute alte Zeit"

Wenn sich Menschen, die gedankenlos der „guten alten Zeit" nachtrauern, ernsthaft danach umtun würden, wie es wirklich in jener guten alten Zeit ausgesehen hat und zugegangen ist, würden sie sich diese nicht zurückwünschen.

Diesen Gedanken habe ich oft beim Lesen in der Schwedischen Matrikel im Kirchenbuch, in den alten Aufzeichnungen gehabt und gewünscht, daß jeder einmal dort nachschlagen möchte, um die Welt so zu sehen, wie sie wirklich war.

Heute beschwert man sich gern darüber, daß unsere Post nur ein Mal am Tage ausgetragen wird. Noch in der Mitte des 19. Jahrhunderts kamen Postsachen überhaupt nur dreimal in der Woche auf den Darß. Und wie umständlich war der Anweg. Es lohnt sich, das zu hören.

In den ersten Jahren des 19. Jahrhunderts vermittelte der Fuhrmann Rubarth aus Bodstedt die Postverbindung. Später brachten

Prerower Fährleute die Postsachen dreimal in der Woche von und nach Barth. Von 1849 an gab es eine sogenannte Fußbotenpost von Zingst über Prerow, Wieck und Born nach Bliesenrade, durch die aber keine schweren Postsachen befördert werden konnten.

Ab 1861 trat an Stelle der Fußbotenpost die „Karriolpost", die täglich verkehrte. Von Bliesenrade brachte der Fährmann die Post zur Poststelle in Fuhlendorf und bekam dafür die Barther Post mit. Seit 1881 gab es eine zweite Postverbindung über Zingst. Das Dampfboot „Barth" nahm die Postsachen von Stralsund nach Zingst mit, und ein Privatpersonenfuhrwerk brachte sie von dort nach Prerow. Nebenbei bestand noch die Botenpost von Zingst nach Barth. Nach Bau der Eisenbahnbrücke konnte endlich die Post durch die Eisenbahn befördert werden. Die Chaussee Born-Wieck-Prerow-Zingst-Barth wurde erst 1926/27 gebaut. Heute dagegen besitzen wir ein Postauto, das zweimal am Tage von Barth oder direkt von Stralsund zum Darß verkehrt. Nur nach Bliesenrade muß die Post von Born aus durch den Breifträger gebracht werden.

Und wieviele Vorschriften und Gesetze und Steuern sowie andere Abgaben waren früher an der Tagesordnung!

Einige Beispiele mögen das beweisen. Die Matrikel berichtet, daß die Einwohner der Sundischen Wiese für das Fischen im Binnenwasser „an das Amt für jede Reuse 2 Wall Heringe Fischpacht" zahlen mußten. Es gab: Akzise, Kopfsteuer, Viehsteuer, Wasserpacht. Die Dörfer mußten Dienste leisten durch Holzschlagen; so schlugen damals die Einwohner von Born, Prerow und Wieck an Brennholz für den Präpositus in Barth 15 Klafter, den Diakonus 6 Klafter, den Rektor 9 Klafter, den Kantor 2 Klafter, den Küster 3 Klafter, den Hauptmann auf dem Schlosse 30 Klafter, den Amtsnotar 10 Klafter, den Landreiter 6 Klafter. Das Holz mußten sie auf eigene Kosten nach Barth fahren.

Der Schulze als Besitzer des Kruges hatte Kruggeld zu bezahlen. Die Dörfer mußten „Magazinkorn" zusammenbringen. Wer nichts dazu beitragen konnte, hatte sich mit einer Geldsumme freizukaufen. Dann gab es eine „Pastorengebühr", die in Abgaben und Naturalien bestand. Auch für die Erlaubnis, Brennholz zum Verkauf zu schlagen, mußten die Darßer eine Abgabe leisten, den „Woltdienst". Sogar für das Fortschaffen des Holzes hatten sie Geld zu geben. Von allen Fahrzeugen, die durch den Prerower Strom fuhren, mußte Zoll gezahlt werden. Eine Tribunalsteuer entrichteten sie in „zwei Reisen", das heißt, zu 2 Terminen für die Hufe. Eine Reutersteuer wurde gezahlt. Ja, sogar eine „Wolfssteuer" wurde noch im Jahre 1696 erhoben. Man erschrickt jedesmal, wenn man beim Durchlesen immer wieder auf „Steuer, Steuer, Steuer" trifft …

Aus der zweiten Hälfte des 19. Jahrhunderts wird berichtet, daß neue Wohngebäude nur noch mit Ziegeln, Pappe oder Schiefer (!) gedeckt werden durften. Unser heimischer Baustoff, das Rohr, war also verboten! Überall treffen wir auf Vorschriften und Bevormundungen.

Ein besonders trauriges Kapitel der guten alten Zeit sind die Jahre, da es noch eine „Leibeigenschaft" gab. Das heißt, daß ein Mensch einem anderen Menschen zu eigen gehörte, daß er ihn wie eine Ware behandeln durfte, ja, ihm sogar den Wohnsitz vorschreiben durfre. Es war eine Art Sklaverei. Uns ist ein Steckbrief erhalten, in dem deutsche Bauern gesucht werden, die ohne Erlaubnis der Obrigkeit ihren Wohnsitz verlassen hatten, und aufgefordert werden, zurückzukommen, andernfalls sie schwer bestraft würden. Dieses Dokument stammt aus dem Jahre 1704 und sagt:

„… daß keine Unterthanen und deren Kinder bemächtigt seyn sollen sich außerhalb Landes oder in fremde Jurisdiction in Diensten begeben, es geschehe denn mit Vorwissen und ausdrücklicher Bewilligung jeden Orts Obrigkeit und Herschafft, viel weniger ohne völlige Erlassung der Leib-Eigenschaft sich irgendwo häuslich niederzulassen, noch an Vater- Mutter- oder anderen Erbe etwas an sich zu bringen, und aus ihrer Obrigkeitlichen Bothmäßigkeit heimlich hinweg zu practisieren …"

Nun hatten zwar die deutschen Bauern, die sich vom Anfange des 15. Jahrhunderts an auf dem Darß und dem Zingst angesiedelt hatten, den Grund und Boden als erbliches Eigentum erhalten, mußten zwar dafür Abgaben leisten und auch Dienste verrichten, waren jedoch persönlich frei. Allmählich wurden ihnen diese Vorrechte wieder genommen. Sie hatten kein Erbrecht mehr, wurden zu „Pachtbauern". Die Darßer und Zingster hatten es trotzdem besser als die Bauern in anderen Gegenden. Man nannte sie „Laßbauern", sie unterstanden den Fürsten, in unserem Falle dem schwedischen Könige direkt. Dadurch fiel der harte Druck durch einen Gutsherrn, wie er sonst üblich war, fort.

1806 wurde überall die Leibeigenschaft aufgehoben. Aber vorher hatten sich schon viele Darßer loskaufen können. 1779 sind von 21 Brautpaaren im Prerower Kirchenbuch bereits 18 freie Leute eingetragen, und 1783 zählte Prerow neben 2027 „Untertanen" 836 Freie. Aber erst im 19. Jahrhundert war die persönliche Freiheit zur Selbstverständlichkeit geworden.

Man sollte auch niemals vergessen, wie rücksichtslos die Arbeitskraft unserer Bevölkerung ausgenutzt wurde, noch bis in unsere eigene Lebenszeit hinein. Darßer Matrosen – und das waren vielfach ältere Familienväter, denen die Mittel gefehlt hatten, einen Steuermannskursus zu besuchen, – erhielten um 1880 herum auf einem größeren Segler im Monat 60 Mark Heuer, wurden jeden Herbst abgemustert, da Segelschiffe unserer Küsten keine Winterfahrten machten, und mußten lange Monate nach irgendwelchen Gelegenheitsarbeiten auf Jagd gehen. Ein Schiffszimmermann hatte 80 Mark Heuer, ein Segelmachermaat 57 Mark. Diese Zahlen sind einem Seefahrtsbuch aus jenen Jahren entnommen. Und was sagt man heute dazu, daß eine Witwe in Born, die fünf Kinder ernähren mußte, für 80 Pfennige am Tag Handlangerdienste bei einem Maurer tat, daß weibliche Jugend, die Stellung in einem Haushalt annahm, sich mit einem Monatslohn von 12 Mark abfinden lassen mußte; eine Regelung ihrer Arbeitszeit lag noch unendlich weit im Felde. Die Schulverhältnisse waren in der guten alten Zeit sehr kümmerlich. In Neuvorpommern bestand unter der schwedischen Regierung keine Schulpflicht. Die Preußen führten sie 1815 ein. Von Barth wird berichtet, manche Schulleiter können „leidlich lesen", der „eine war Tagelöhner, der andere ein Matrose". Auf dem Darß dürfte es nicht anders gewesen sein, eher schlechter. 1827 kam eine Verfügung heraus, die bestimmte, daß Schulstrafen wie das Knien auf Erbsen und scharfen Holzstücken, das lange Stehen auf einem Bein vor der offenen Tür des geheizten Ofens und dergleichen verboten seien. Erst 1840 wurde eine gründliche Reform des Schulwesens angeordnet. Aber auch da gab es noch „Winkelschulen", „Armenschulen", um die sich der Staat nicht kümmerte, die privat ins Leben gerufen und durch freiwillige Spenden unterhalten wurden.

Unserer Zeit bleibt es vorbehalten, auch auf dem Lande in völlig abgelegenen Gegenden den Kindern dasselbe Wissen zu vermitteln wie Kindern der großen Städte und ihnen dadurch die Möglichkeit zu erschließen, ihren Fähigkeiten entsprechend Spezialausbildungen für jeden Beruf zu bekommen.

Und wie war es beispielsweise früher um unsere Wege bestellt? Im Kirchenbuch wird im Jahre 1748 trocken bemerkt:

„Am 18. Nov. sind Leute aus Prerow so nach Barth reisen wollten bei der Oje elendiglich vertrunken." Unfälle aller Art ereigneten sich durch die allgemeine Unwegsamkeit. Suckow schildert uns noch vom Anfange des 19. Jahrhunderts vom Darß: „Wir wanderten den Mühlensteig. Er war nicht breit, kam mir aber etwas lang vor und enthielt viele Stubben und Pfützen. Dazu ging uns noch die Laterne aus. Als ich schon verzweifeln wollte, tauchten Lichter aus der Finsternis auf, Hunde zausterten, und nachdem wir allen Dorfpfützen die Augen ausgetreten hatten, standen wir am Ziel."

Wer hätte überhaupt den kühnen Gedanken zu fassen gewagt, daß innerhalb eines Dorfes Beleuchtung angebracht sein könnte oder gar m ü ß t e ? Die zu der älteren Generation gehören, wissen noch ein Lied davon zu singen, was es hieß, an einem stürmischen Herbstabend auch nur zu dem übernächsten Nachbarn zu finden. Der matte Schein unserer Stallaterne reichte höchstens auf Armeslänge aus, gesetzt den Fall, daß der erste Windstoß, der einen vor der eigenen Haustür empfing, die flackernde Kerze nicht sofort ausgeblasen hatte. Man watete bis über die Knöchel in den aufgeweichten Wegen, schlug anfangs vielleicht noch einen Bogen um die Wasserlachen, dann ergab man sich drein, da die Schuhe doch schon durchgeweicht worden waren, und stapfte tapfer geradeaus, um wenigstens bald zu seinem Ziel zu gelangen. Das war noch vor einer Reihe von Jahren bei uns in allen Ortschaften gleich, während wir es jetzt nur noch in Teilen von Wieck und Born erleben können. Wenn aber einmal aus irgendeinem Grunde unsere Straßenbeleuchtung nicht brennt – wir brauchen nicht niederzuschreiben, wie man dann schimpft oder jammert und sich beklagt!

Unvergeßlich bleiben mir die Nöte, die Kranke durch den Mangel jeglicher Verbindung mit der nächsten Stadt und dem nächsten Krankenhaus hatten. Die Straße von Prerow nach Zingst befand sich in einem derart schlechten Zustand, daß man auch bei gutem Wetter nur mit dem Auto fuhr, falls es unbedingt nötig war. Die Eisenbahn brauchte zwei Stunden bis Stralsund, das war zu lange für den Abtransport schwerer Fälle. Der Weg war den größten Teil des Jahres über so schlecht, daß der Krankenwagen nur mühsam durchkam oder sich überhaut weigerte zu kommen. Immer wieder war um eine neue Straße gebeten worden. Bei jedem neuen Landrat hofften wir auf Besserung. Allmählich verloren wir alle Hoffnung. 12 Landräte hatten nichts geschafft, und die Darßer Jagdgäste des „dritten Reichs" kamen mit Flugzeugen oder riesengroßen Autos, die über die tiefsten Löcher hinwegjagten, ohne Schaden zu neh-men. Auch davon war also nichts zu hoffen. Jetzt endlich in den letzten Jahren haben wir eine ordentliche Straße erhalten. Den meisten Menschen ist das bereits selbstverständlich. Aber ich muß noch immer mit Schaudern an die schlimmen Stunden zurückden-ken, wenn ich den Wagen durch tiefe Löcher anschob, weil er, ste-cken geblieben, nicht wieder anspringen wollte, der Schmutz so dick gegen die Scheibe spritzte, daß kein Scheibenwischer half, wir alle paar Wochen zur Reparaturwerkstatt mußten, und der Meister achselzuckend murmelte: „Bei d i e s e n Wegen kein Wunder!"

Wie leicht haben es die Ärzte heute, wenn sie auf der neuen guten Straße Schwerkranke rechtzeitig ins Krankenhaus schaffen können! Damals hatte der Landarzt oft Fälle im Hause zu behan-deln, die dringend in eine Klinik mit Fachärzten hätten eingewie-sen werden müssen. Die Behörden zeigten sich völlig verständnis-los, weil es ja nur das „platte Land" galt. Trotz aller Bemühungen wurde unserer abgelegenen Gegend keine brauchbare Straße bewil-ligt. Behörden-Vertreter kamen höchstens in den kurzen Sommer-wochen zu uns, wenn der Zustand der Wege einigermaßen tragbar war. Und was kümmerte es sie, unseren Kleinbauern Möglichkei-ten zu verschaffen, ihrem armseligen Boden einen höheren Ertrag abringen zu können? Hätte man sonst jenes unsinnige Siedlungs-experiment auf der Sundischen Wiese zugelassen?

Außer der Straße, die von Zingst nach Perow fährt und ständig gepflegt wird, in letzter Zeit sogar mit kleinen Bäumen bepflanzt worden ist, freuen wir uns jetzt daran, daß selbst in unseren Ort-schaften die Straßen gebessert werden. In Prerow ist das unwegsame Stück der Langen Straße an der Apotheke vorbei zum Hafen neu aufgeschüttet worden, zum besten nicht nur für uns Fußgänger und Radfahrer, sondern auch für den Bus, der regelmäßig diese Strecke fährt.

Auch am Strande ist eine Einrichtung geschaffen worden, die die Vorsorge unserer Regierung für den Menschen deutlich macht. Beim Hauptübergang ist ein Sanitätshäuschen errichtet worden, von dem aus ein Sanitäter ständig die Badenden beobachtet und Erste Hilfe leisten kann. Auch ein Arzt kann sofort telephonisch herbeigerufen werden. Jetzt wundert man sich, daß früher keine amtliche Stelle auf den Gedanken gekommen war, diese für einen vielbesuchten Badeort notwendige Sicherheitsmaßnahme zu treffen.

Allein das Vierteljahrhundert, in dem ich persönlich Vergleiche zwischen der „guten alten Zeit" und unserer neuen Zeit ziehen kann, genügt, jenes Trugbild zu entlarven und dankbar für die jüngste Entwicklung unserer Heimat zu sein.

Unser Heimatmuseum

Als ich vor fast 25 Jahren mit meinem Mann endgültig nach Prerow zog, weil wir dieses Stückchen Erde lieb gewonnen hatten, kam mir der Gedanke, eine kleine Heimatstube aufzumachen, die sich zu einem Heimatmuseum entwickeln könnte. Der Plan blieb unausführbar wie so manche Pläne. Auf mich als Arztfrau und Mutter mehrerer Kinder wartete soviel Arbeit, daß darüber hinaus alles unterbleiben mußte.

Wohl hatte ich in der ersten Zeit einige Möbel erwerben können, die als Grundlage dienen sollten. Da standen schon ein schöner großer „Darßer" Schrank, ein Schlafsofa, eine Standuhr, eine Schiffskommode bereit. Aber sie warteten vergeblich. Die Uhr wurde verschenkt, auch der Schrank. Von dieser Uhr ist ein kleines Erlebnis zu erzählen. Nachdem sie bei einer Versteigerung in meinen Besitz gekommen war, trug ich auf der Innenseite der gro-

173

ßen Tür, wo die alte Besitzerin die Daten für das Kalben ihrer Kuh Lischen verzeichnet hatte, meinen Namen und den Tag des Kaufes ein, dann wurde sie verschenkt. Als der Museumsplan endlich verwirklicht werden durfte, habe ich mir viele Vorwürfe deswegen gemacht. Da wurde uns eines Tages für das Museum eine alte Standuhr gestiftet und ins Haus gebracht. Wer beschreibt meine Freude, daß es die gleiche Uhr war, die damals in unbesonnener Stunde wieder fortgegangen war. Unter den alten Eintragungen von „Lischens Hochzeit" ... und wieder „Lischens Hochzeit" fand ich meine Handschrift wieder!

Von den Darßer Möbeln wartete damals nur die Schlafbank weiter. Das heißt, auf der Schlafbank, die nun im Wartezimmer stand, warteten die Patienten meines Mannes. Später sollte auch sie ihrem ursprünglichen Zweck zugeführt werden.

Ich hatte damals meine Kinder zu besorgen und kümmerte mich um den Garten, versuchte, dem Boden Gemüse, aber vor allem meine geliebten Blumen dem vielen Unkraut abzutrotzen, das unser Grundstück im Gegensatz zu den übrigen Prerowern besonders auszeichnet. Denn wir liegen nicht auf einer ehemaligen Düne wie die meisten Häuser, sondern auf dem Streifen südlich des Deiches, der ausgeschachtet wurde, um den Binnendeich aufzuschütten, der den Ort vor Sturmfluten schützen soll. Deshalb haben wir feuchten, sumpfigen Grund.

Die übrige Zeit brauchte ich, um den Kranken zu helfen. Ich hatte als Arztfrau dem Arzt, der Gemeindeschwester und der Hebamme viel zur Hand zu gehen. Sei es bei ärztlichen Hilfeleistungen oder nur zum Halten der elektrischen Taschenlampe in Häusern, die noch kein elektrisches Licht besaßen, oder zum Abweisen der Kinder und der gesamten Nachbarschaft, die sich bei jedem Arztbesuch gleich neugierig einstellten. Im Winter hatte ich mitzufahren und im Notfalle das Auto aus dem Schnee freizuschippen. Oder ich mußte den Wagen steuern, wenn mein Mann einen Schwerkranken fortbrachte, weil ein Krankenwagen zu spät gekommen wäre, und neben dem Kranken sitzen mußte, um ihn unter dauernder Beobachtung zu haben. Da war also keine Zeit zum Aufbau eines Museums. Ich hätte außerdem nicht verantworten können, das Geld, das zur Instandhaltung und Verbesserung der Praxis und

174

zum Unterhalt der Familie gebraucht wurde, für eine Liebhaberei auszugeben; denn damals hätte ich ein Museum auf eigene Kosten aufbauen müssen. Verständnis für solch einen Dienst an der Heimatforschung und Heimatpflege wäre in jenen Jahren bei amtlichen Stellen nicht zu finden gewesen; jedenfalls nicht, wenn es um ein so abgelegenes Gebiet wie unseren Darß ging.

Ich hatte zwar ein schlechtes Gewissen, sobald ich an den alten Freund unseres Hauses, den Arzt Dr. Haeberlin, dachte, der in Wyk auf Föhr an der Nordsee im Laufe seines langen Wirkens auf der Insel ein wunderbar reichhaltiges Heimatmuseum aufgebaut hat. Ich hatte ihm nämlich, als er uns besuchte und von der hiesigen Landschaft tief beeindruckt war, versprochen, auch ein Heimatmuseum ins Leben zu rufen.

Aber die Jahre rasten dahin und nichts geschah. 1951 eröffnete Herr Martin von Wedelstädt eine kleine Heimatausstellung in einem bescheidenen Raum des ehemaligen Warmbades. Im nächsten Jahre bat er mich um Mithilfe bei der biologischen Abteilung.

Da erst erwachte wieder meine Liebe zu dem alten Plan. Ein großer Raum im früheren Warmbad wurde uns für einen Sommer von der Gemeinde zur Verfügung gestellt, und dort bauten wir in kurzer Zeit eine Heimatausstellung auf. Es war schwierig, in einem einzigen Raume alle Teilgebiete fein säuberlich getrennt und übersichtlich unterzubringen. Aber durch Ziehen einer Zwischenwand, die in einzelne Kojen unterteilt wurde, klappte es einigermaßen und gab vielen tausend Besuchern Anregung und Freude. Besonders schön war die Lage des Raumes, durch dessen Fenster man das Meer mit seinen wechselnden Stimmungen als Hintergrund sah. Inzwischen hatte ich im langen Winter alle Kenntnisse aus der Zeit meines Fachstudiums in Biologie und Geologie wieder herausgeholt, abgestaubt und nutzbar gemacht. Doch erst, als mein Mann seine Praxis aufgab, weil er an das neugegründete Sportärztliche Institut in Berlin berufen wurde, hatte ich Freiheit zu uneingeschränkter Heimarbeit. Außerdem waren meine beiden älteren Kinder inzwischen erwachsen und mein siebenjähriges Töchterchen lernte frühzeitig, ein kleiner Museumshelfer zu sein.

Als wir unseren ersten Raum verloren und eine feste Unterkunft suchen mußten, wurden uns die ehemaligen Praxisräume meines

Steinzeitliche Waffen und Geräte

Mannes zugesprochen. Nun konnten wir – allerdings in größter Eile, denn der Sommer und seine Gäste standen vor der Tür – mit dem Ausbau des Heimatmuseums beginnen. Ende Juni wurde es im Deichhaus eröffnet. Einen Monat später wurde ich als seine Leiterin eingesetzt.

Sechs Räume stehen dem Heimatmuseum zur Verfügung. Beim Eintreten empfängt den Besucher das Darßer Zimmer, ein kleiner Wohnraum, wie er ihn noch heute gelegentlich in einem Hause Einheimischer sehen kann. Die Uhr und die Schlafbank, vor denen schon erzählt worden ist, stehen dort. Bilder von Segelschiffen, ein Flaschenschiff zwischen mitgebrachten Muscheln und Schnekken, ein „Eckschapp" mit englischen Tellern und den Hunden, ein zusammenklappbarer Tisch, ein bejahrter Stuhl führen uns in die alte Wohnkultur.

Der nächste Raum zeigt uns zunächst die Entstehung unseres Darß' und macht mit der geologischen Entwicklung in ihren Grundzügen bekannt, auch mit den wichtigsten vorgeschichtlichen Funden unserer Gegend. Dort kann man Proben der schönen, verschiedenfarbigen Granite betrachten, die mit den Gletschermassen in der niederdeutschen Tiefebene abgelagert wurden, kann die kleine Schnecke Litorina litorea bewundern, von der in allen geologischen Schriften über unsere Heimat berichtet wird, weil sie einem erdgeschichtlichen Zeitalter ihren Namen gegeben hat. Wer einen guten Blick besitzt, wird diese berühmte Schnecke selbst am Strande entdecken und sich zur Erinnerung an seine Ferientage aufbewahren. Auch das ältere und neue Schrifttum über den Darß liegt aus, ferner einige Blätter, die der Maler Schäfer-Ast bei uns geschaffen hat.

Die Biologieabteilung führt die Pflanzenwelt unserer Heimat vor. Wir haben den Ehrgeiz, uns nicht mit gepreßten Blättern und Blüten zufriedenzugeben. Dieser Ehrgeiz kostet allerdings viel Mühe und Zeit, aber unsere Besucher haben mehr Gewinn davon, die Pflanzen in lebendem Zustand studieren zu können. Also heißt es, alle paar Tage wieder ans Sammeln, Auswechseln und Einstellen der Blumen und Zweige zu gehen. Wir lernen auch einige Seevögel unserer Heimat kennen, die für die meisten Binnenländer besonders interessant sind.

Die Schiffahrtsabteilung führt in diesen wichtigsten Erwerbszweig unserer Bevölkerung ein und ist vor allem für die Jugend von großem Reiz. Wir besitzen einige alte Modelle von Seglern, Bilder von Schiffen, die unsere Darßer gefahren haben, nautische Instrumente aus jener Zeit sind anzusehen, unter Glas liegen wertvolle Dokumente, wie Schiffsjournale, Schiffsstaupläne und andere Schifffahrtpapiere. Das alles sind gleichsam Kostproben aus dem unerschöpflichen Gebiet der Heimatkunde und Heimatpflege.

Und was in solch einem Museum keinen Raum finden kann, wie die typischen Darßer Häuser, vor allem die beachtenswerten alten, geschnitzten und meist auch bemalten Türen, an denen unsere Dörfer reich sind, das wird in guten Aufnahmen vorgeführt, um den Besuchern die Augen für die Eigenart unserer Hausbauten aufzutun. Gewiß ging mancher von ihnen achtlos daran vorbei, bis diese Photographien seine Aufmerksamkeit weckten und er nun Freude daran gewinnt, selbst auf die Suche danach in unseren Dörfern zu gehen und sich vielleicht eine eigene kleine Sammlung von Aufnahmen dieser typischen Darßer Bauweise anzulegen.

Zwei unserer ältesten Türen konnte sich das Stralsunder Heimatmuseum sichern, auf dessen ausgezeichnete Sammlung der Zeugnisse heimatlicher Kultur an Möbeln, Gerätschaften und Trachten alle Freunde und Besucher des Darß' nachdrücklich hingewiesen werden. Unser Darßer Heimatmuseum kann nicht und will nicht an Größe wetteifern mit städtischen Sammlungen. Es will nicht einmal alles zeigen, was man zeigen könnte. Es will nur soviel geben, wie aufgenommen und als bleibender Besitz mitgenommen werden kann. Viele Menschen kommen in ihrem Leben nur dieses eine Mal hierher. Ihnen möchten wir unseren Darß so anschaulich machen, daß sie ihn nicht vergessen und als geschlossenes Ganzes vor sich sehen. Sie haben am Strande in der Sonne gelegen, gebadet, wie Kinder gespielt, sind im Dampfer auf der See oder auf dem Bodden gefahren, vielleicht auch mit dem Paddelboot oder Segelboot, sie haben Teile des Waldes durchwandert, mit dem Fuhrwerk den Weststrand aufgesucht. Vielleicht – sicher sogar – haben sie dem Darßvortrag des Malers Schultze-Jasmer gelauscht und seine schönen Farblichtbilder gesehen. All das wird ihnen bei uns noch einmal in Karten, Beschriftungen, in Bildern, an Beispielen gezeigt.

Wer unser kleines Museum aufmerksam studiert hat, sollte sich den Weg nach Stralsund nicht entgehen lassen. Wir möchten uns gern als eine Art Vorstufe für das große Stralsunder Museum betrachten, denn wir sind gewiß für viele Menschen die erste Stelle, wo ihnen Heimatkunde „lebendig" begegnet. Wir wollen ihnen anhand unseres bescheidenen Besitzes Augen und Sinn für die Geschichte der Heimat öffnen, für die Meilensteine der Entwicklung, die die Erde und die Menschen auf ihr durchschritten haben. Unsere Besucher sollen auch die auf den ersten Blick vielleicht unscheinbaren Beweise unserer heimatlichen Kunstfertigkeit an den kleinen Dingen, wie den kunstvoll gearbeiteten Kästchen, den Schmuckgegenständen in ihrem Wert erkennen lernen.

Außerdem führen wir sie in das neue Gebiet der Harzerei ein. Was sie davon im Walde gesehen haben, soll ihnen hier in seiner ganzen wirtschaftlichen Bedeutung erläutert werden. Wir zeigen ferner Reusenmodelle und Fischereigerät, wir bringen in Bildern die Strandung eines Dampfers, den Brand eines Schiffes und weisen auf die Rettungsaktionen für Menschen in Seenot hin, die gerade für unsere Küste so wichtig sind.

Annähernd 10 000 Besucher kehrten im ersten Jahre bei uns ein, im dritten Jahre seines Bestehens haben 18 500 Menschen unser Museum durchwandert, Menschen jeden Alters, Menschen, die nur bescheidene Kenntnisse besaßen, andere, die viel Fachwissen zeigten, Menschen, die offene Augen haben, Ohren, die gut hören können, also von sich aus beobachtet haben. Aber alle, die guten Willens sind, lernen etwas bei uns, und von manchen lernen auch wir.

Jedes fortschrittliche Museum ist in ständiger Entwicklung begriffen. Einen Stillstand gibt es nicht. Diese Entwicklung kann aber nur durch Mitarbeit aller Heimatfreunde unter den Einheimischen und den Gästen vor sich gehen. Ich kann nicht zählen, mit wieviel Besuchern wir in Fühlung gekommen sind, die uns durch Anregungen und Fragen geholfen haben. Oft merkt man erst hinterher, daß jemand etwas Neues für das gemeinsame Ganze dazugetragen hat. Bei der Arbeit im und am Museum geht es uns ähnlich wie dem Lehrer. Ein Lehrer aber hat im günstigsten Falle einen Schüler mehrere Jahre oder mindestens ein Jahr lang zu betreuen. Bei uns sieht man einen Besucher oft nur eine knappe halbe Stunde vor sich. So ist es in gewissem Sinne auch ein ewiges Abschiednehmen, aber beglückend und voller Leben.

Manchmal wird eine bleibende Verbindung aus dem ersten Museumsbesuch, die zu vielen Stunden gemeinsamen Beobachtens, zu Gesprächen und Exkursionen führt. Im Mittelpunkt steht immer die Heimat: der Darß, seine Pflanzen, seine Entstehung, seine Gegenwart und die gemeinsame Liebe zu ihm.

Ein Heimatmuseum soll gleichsam der Sammelplatz sein, zu dem sich alles findet, was der Heimat dienen soll. Jeder, ob Einheimischer oder Gast, soll sich zugehörig fühlen, soll mitarbeiten. Jeder auf seine Art, mit den Möglichkeiten, die in seiner Natur und seinem Wirkenskreis liegen. Der Fischer bringt uns ein seltenes Tier, das sich in seiner Reuse verfangen hat, ein kleines Mädchen einen Blasentang, der an einem Findlingsstein festsitzt, Förster von ihren Rundgängen durch ihr Gebiet einzelne Proben von Nadelhölzern. Waldarbeiter schicken uns ein steinzeitliches Kernbeil, das sie bei ihrer Arbeit ausgegraben haben. Bei Hochwasser hole ich Berichte von Augenzeugen ein, von Dünenarbeitern, Seeleuten, Fischern, dem Busfahrer, dem Fahrer des Postautos, um einen authentischen Bericht für unser Archiv zusammenzustellen. Wissenschaftliche Institute unterstützen uns mit Anregungen und fachlicher Beratung, und wir versuchen, ihnen mit kleinen Beobachtungen zu helfen, wo es uns möglich ist.

Immer wieder kommen Gruppen Jugendlicher aus Zeltlagern, die sich bestimmte Aufgaben, meist biologischer Art, gesteckt haben. Wir können ihnen oft unnötige Umwege ersparen, damit sie ihre kurze Zeit ertragreich nutzen. Aber auch sie können uns unterstützen und nach unseren Anweisungen Pflanzen heranholen, die fernab im Walde oder in entlegenen Strandgebieten stehen. Gerade in solchen Fällen haben wir die beste Gelegenheit, für den Naturschutz zu wirken. Pflanzen, die diesen Schutz genießen, werden nur von der Leitung des Museums persönlich gesammelt, soweit es sich um der Aufklärung willen verantworten läßt.

Vor allem aber habe ich dafür zu danken, daß die Regierung uns beim Aufbau unseres Museums weitgehend unterstützt hat. Das Volksbildungsministerium, Abteilung Erwachsenenbildung – jetziges Ministerium für Kultur –, förderte uns immer wieder in großzügigster Weise. Wenn Frau Kaske nicht den Wert eines Heimatmuseums auf dem Darß sofort erkannt und uns in großen und kleinen Dingen geholfen hätte, wären wir noch lange – wenn nicht überhaupt für immer – die kleine Heimatausstellung geblieben. Die Leiterin des Stralsundischen Museums, Käthe Rieck, hat mir unermüdlich mit ihrer großen Erfahrung zur Seite gestanden. Dr. Knoll in Halle, der Leiter des staatlichen Museumswesens, übernahm die fachliche Betreuung mit außergewöhnlichem Verständnis und der Gewährleistung größtmöglicher Selbständigkeit beim wissenschaftlichen Weiteraufbau. Es wird uns immer geholfen werden müssen, weil wir nicht verdienen wollen, sondern ein kulturelles Unternehmen sind, das den Einheimischen und den Erholungssuchenden unsere Heimat erschließen hilft.

Und so, wie unser Museum das „lütte, stille Inselland" lebendig werden lassen will für die vielen Menschen, deren Heimat es ist, aber auch für die Tausende, die nur kurze Sommerwochen hier verleben, unseren Darß lieb gewinnen und in der Ferne an ihn zurückdenken – so soll auch dieses Heimatbuch der gleichen großen und schönen Aufgabe dienen.

Außerdem lieferbar

144 Seiten
Euro 9,99
ISBN 978-3-356-00635-3

245 Seiten
Euro 12,90
ISBN 978-3-356-00829-6

336 Seiten
Euro 15,90
ISBN 978-3-356-01057-2

255 Seiten
Euro 9,99
ISBN 978-3-356-00814-2

Liebe Leserin, lieber Leser, wie hat Ihnen die Lektüre gefallen?
Wir freuen uns über Ihre Bewertung im Internet!

Die Deutsche Nationalbibliothek verzeichnet diese Publikation in der Deutschen
Nationalbibliografie; detaillierte bibliografische Daten sind im Internet über http://
dnb.ddb.de abrufbar.

© Hinstorff Verlag GmbH, Rostock 1949
Lagerstraße 7, 18055 Rostock
www.hinstorff.de

3. Auflage 2015

Herstellung: Hinstorff Verlag GmbH
Printed in Germany
ISBN 978-3-356-01979-7